U0133659

刑 罚

[英] 路易斯·莱昂斯　著

赵天奕　译

SPM
南方传媒　广东人民出版社
·广州·

图书在版编目（CIP）数据

刑罚 / （英）路易斯·莱昂斯著；赵天奕译. — 广州：广东人民出版社，2023. 6

ISBN 978-7-218-16497-7

Ⅰ. ①刑… Ⅱ. ①路… ②赵… Ⅲ. ①刑罚—研究 Ⅳ. ①D914.104

中国国家版本馆CIP数据核字（2023）第052738号

XINGFA
刑罚

［英］路易斯·莱昂斯 著 赵天奕 译

版权所有 翻印必究

出 版 人：肖风华

责任编辑：李幼萍 陈泽洪
责任技编：吴彦斌 周星奎

出版发行：广东人民出版社
地　　址：广州市越秀区大沙头四马路10号（邮政编码：510199）
电　　话：（020）85716809（总编室）
传　　真：（020）83289585
网　　址：http://www.gdpph.com
印　　刷：北京通州皇家印刷厂
开　　本：880毫米×1230毫米　1/32
印　　张：9.25　　**字　　数：**170千
版　　次：2023年6月第1版
印　　次：2023年6月第1次印刷
定　　价：59.00元

如发现印装质量问题，影响阅读，请与出版社（020-87712513）联系调换。
售书热线：（020）87717307

目录

CONTENTS

前 言
法律和司法

在西西里岛旧石器时代的阿道拉洞穴（Addaura）中，雕刻着几个站立的人像。他们围着一个蜷缩的人，此人似乎被绑了起来，一旦试图站起就会被勒死。这一遗迹被认为是最早的刑罚记录，同时也表明刑罚的历史和人类社会一样悠久。就本书而言，刑罚被定义为国家对犯罪者施加的惩罚，罪行由国家规定。在史前社会，罪犯由群体进行审判和惩罚，犯罪被视为对群体构成危害的行为。随着定居点的增加，人类开始需要长期的社会架构，个人和家族报复逐渐被国家刑罚取代。罪行仍被定义为威胁社会稳定的行为，同时也逐渐被视作威胁统治阶级经济和政治权力的行为。

不同的社会中，罪行的判定并不相同。斯巴达公民会因为太胖而被鞭笞。在古罗马，年过 25 岁的未

对页图：正义女神，左手提一架天平，代表审判；右手持剑，代表惩罚。纵观历史，恰当的惩罚方式一直是人们思索的问题。

婚男人和年过 20 岁的未婚女人会被罚款。在英格兰，
抢劫养兔场、伐木、和犹太人结婚，以及破坏威斯敏
斯特桥都曾是死罪。在新加坡，进口和经销口香糖将
被处以最高 1 万美元的罚款或 12 个月的监禁。对于
这些规定，每个国家都有自己的理由。新加坡禁止售
卖口香糖，是因为破坏者会用口香糖阻止地铁车门关
闭。在这样一个繁荣发达、井然有序，且拥有严格垃
圾处理法的小型社会中，口香糖禁令就显得情有可原
了。规定结婚的罗马法是在人口数量下降时颁布的。
那时候，为了控制疆域和储备军队，当局认为他们需
要更多的孩子。因破坏威斯敏斯特桥而被判处死刑也
许难以理解，结合当时的背景来看或许能稍稍合理一
些，但这仅仅是当时数百项严苛死刑中的一条。

不断变化的刑罚观

本书分为两个部分。前四章对欧洲、中东和亚洲
等地区最早一批文明中的主流刑罚思想和实践进行了
历史概述，这些思想为近现代的法律和刑罚奠定了基
础。后四章阐述了四种主要的刑罚方式：肉刑、监禁、
酷刑和死刑。酷刑曾是司法程序的一部分，至今仍在
世界各地秘密施行。由于篇幅有限，本书无法全面涵
盖刑罚的历史，而是对重大事件和思潮进行了考察。

国家刑罚的前提是要有"国家"。随着人类从无须固定等级制度的狩猎社会迈入高度等级分化的复杂社会，国家逐渐发展起来。文字的发展使得人们能够记录下商业交易、契约和法律法规。人类最早的完备法典是古巴比伦的《汉谟拉比法典》，它以同态复仇原则而闻名，即"以眼还眼，以牙还牙"。该法典为后世立法奠定了基础，如希伯来人的圣经律法、伊斯兰教法、古希腊和古罗马法，以及欧洲各国的法典。

美索不达米亚法系之外的其他法律体系也逐渐发展起来。印度的《摩奴法论》和中国的《唐律疏议》反映了截然不同的社会、道德和宗教习俗，但和其他法典一样发挥着相同的作用。它们的主要作用是使统治阶级的社会权力合法化。在《摩奴法论》中，宗教被用来解释国家刑罚，并为婆罗门种姓的统治地位提供道德权威。《唐律疏议》是国家权力扩张的一个典型例子，该法典统一了这一庞大帝国的刑罚制度。

自古以来，刑罚的主要方式——监禁、肉刑和死刑——从未改变过，尽管其实施手段和法律依据各不相同。到了18世纪，刑罚才有了真正的发展。当时，欧洲废除了酷刑，监禁逐渐成为惩罚重刑罪犯的主要或唯一方式。

肉刑和死刑也不再使用，在许多国家都被废除。监狱的兴起至少在一定程度上贴合了改造罪犯的新趋

鱼和野兽之间互相吞食，因为它们没有正义，但宙斯已经把正义这个最好的礼物送给了人类。

——赫西俄德，
《工作与时日》

在这幅16世纪的插图中，在坎伯兰王子英杜尔夫的指挥下，埃尔加林因叛国罪被"撕成碎片"。1757年，达米安刺杀法国国王路易十五未遂，遭遇了同样的命运。

势。尽管监禁也存在诸多弊端，但人们一直找不到替代的解决办法。

为什么惩罚?

同汉谟拉比时代一样，在如今，报应、剥夺犯罪能力、威慑和改造依然是惩罚的目的。也许在不同时期和不同地区，某一目的曾占据主导地位，但刑罚制度始终包含这四个目的，即便比重有所不同。到了20世纪，刑罚朝着两个截然不同的方向开始发展。20世纪下半叶，欧洲率先废除死刑，并且越来越依赖于非监禁刑、犯罪预防、矫正和处遇。但与此同时，其他国家的刑罚制度变得愈发严苛。美国曾暂停使用死刑，甚至短暂废除过死刑，但如今又重新开始实施死刑。一些国家首次或是再次采用严格定义的伊斯兰教法。通常来说，人们采取严格的刑罚制度是为了起到威慑作用，然而实际表明，严苛的刑罚并不能减少犯罪数量。在古代雅典，德拉古将几乎所有的罪犯都处以死刑。德拉古的严酷法典不但没能阻止犯罪，反而引发内乱，最终不得不废除。政府制定严格的刑罚制度往往是出于政治动机。处决可能会起到威慑作用，也可能不会，但处决确实能够表明政府"对犯罪的强硬态度"。

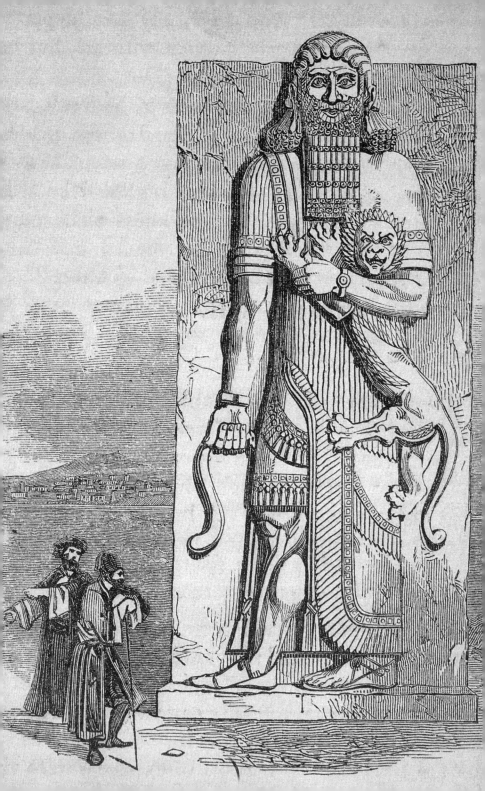

第一章
刑罚的早期历史

自有人类起，就有了刑罚。在早期部落中，群体负责惩罚犯罪行为。随着人类开始发展农业，逐步定居在乡村、城镇和城市，宗教和世俗精英阶层也发展起来，推动了道德和社会行为规范的形成，违反规范的人将被施以惩罚。

大约在150万年前，东印度群岛和非洲出现了第一批真正的人类——直立人。自那时起，直到5000年前第一批有历史记载的文明的出现，我们只能对这段史前社会的性质、当时人们对刑罚的看法以及刑罚的方式做一些假设猜想。这些假设仅仅基于考古发现、早期文明社会的比较以及我们对近现代游牧和狩猎采集群体的了解。

大约1万年前，人类仍作为觅食者生活在小型的多家庭群体中，这些群体与几百到几千人的部落松散地联结在一起。在庞大且复杂的人类社会出现之前，

对页图：乌鲁克国王吉尔伽美什于公元前2700年左右继位，是许多传说的主人公。这些传说被编入世界上最古老的英雄史诗《吉尔伽美什史诗》。该史诗大约创作于公元前2000年。

应该还不存在国王和严格的社会等级。行为准则和道德观念的制定建立在群体或部落利益最大化的基础上，代代相传。

随着狩猎采集让位于农耕，人类定居点不断发展扩大。如今土耳其境内的加泰土丘始建于公元前7400年左右，居民数量多达6000多人。在这些更为复杂的社会中，人们开始需要政治和法律体系，国家开始代替家庭和部落实施惩罚或审判。同态复仇是国家控制私人报复的首次尝试，这一方式明确了一次性的报复行为（死刑或截肢）足以补偿受害者的家庭，从而避免血仇升级。因此，国家实际上代表受害者家庭对罪犯实施惩罚，虽然那时还不存在由国家直接提起诉讼的概念。

信仰体系

与澳大利亚中部的一些近现代部落社会相比，早期的人类社会群体很可能遵从平等主义，只因为分享食物和资源是维系群体繁衍的最佳方式。平等行为将早期人类和人猿群体区分开来。在人猿社会，个体互相竞争，占主导地位的男性垄断了极多的性、食物和其他资源。而在早期人类社会，任何垄断资源或凌驾于他人之上的行为都会危及整个群体的生存，因此，打破平等可能是最早的"罪行"之一。

乱伦也可能是最早的罪行之一。血缘关系是史前社会最强大的约束力，而几乎所有社会都将乱伦列为禁忌。宗教罪也可能存在，比如触摸或玷污圣物。这一猜测的根据来自北美、非洲、波

卡拉哈里部落的居民具有很强的伦理观，但他们生活环境比较简单，所以没有必要制定法典。

利尼西亚和其他地区的部落社会，他们禁止触摸或玷污圣物（如图腾柱），并且惩罚违反这一规定的人。大多数晚期的史前遗址都出土过圣物，或者至少是拥有宗教或仪式功能的物品。

暴力是史前时期的一种生活方式，通常是为了保卫群体。可以肯定的是，不同游牧狩猎群体之间的暴力行为不太可能成为罪行。但部落中其他成员对家庭或氏族成员的暴力行为则又另当别论，会遭到严厉的打击报复，即最初的"血仇"。

氏族忠诚这一信仰一直延续下来。早期的大多法律体系都偏袒统治阶级的家族；对于同样的罪行，贵族被处以罚款或放逐，而平民则面临肉刑或处决。国家司法的暴力程度往往不亚于过去的血仇。

文明

直到公元前 5000 年左右，人类社会才出现了社会组织。这样的组织使得文化不断扩张发展，最终产生了最早一批的城市和文明，其中包括美索不达米亚文明。美索不达米亚地区覆盖了如今的伊拉克，意为

"两河之间的土地"，两河指底格里斯河和幼发拉底河。5000多年来，一群又一群不同的民族迁移到此地，在这里定居，造就了互相敌对的城市和城邦，在战火纷飞和不断变化的联盟中争夺着权力。

美索不达米亚文明是最早研究行星、使用轮式车辆、建造拱门和撰写史诗的文明。他们发明了六十进制计数系统，据此制定了1小时等于60分钟、1英尺等于12英寸的规则。苏美尔位于美索不达米亚南部河流的交汇处，在那里，城市、社会和政治机构、

昔日的辉煌：位于卡拉赫（今尼姆鲁德）的被严重侵蚀的塔庙。几十个世纪以来，它和许多其他塔庙一样遭受着风蚀和劫掠。

官僚机构、货币经济和文字蓬勃发展。乌鲁克时期（前3900—前3100年），乌鲁克城（今伊拉克境内）曾在 400 多年的时间里是世界上最大和最宏伟的城市，在该时期末拥有 1 万到 5 万人口，甚至更多。这座城市由高高的城墙包围，城内遍布宏伟的塔庙———一种建在阶梯金字塔底座上的神庙。乌鲁克及其统治者宁录（Nimrod，传说中巴比伦帝国的缔造者）曾出现在《圣经》中，可见该城的重要性：

> （宁录）为世上英雄之首……他开始建国是在巴别、以力[1]、亚甲……
>
> 　　　　　　　　　　（《圣经·创世记》10:10）

　　乌鲁克的城市生活以神庙为中心，通过神庙，复杂的社会等级、真正的政治和经济权力逐渐发展起来。大祭司被认为是乌鲁克当之无愧的精神和政治领袖。由于那时还没有私营者，神庙承担了城中大部分的经济活动。神庙雇佣许多技艺精湛的画家和工匠，并培育了一批由建筑师、规划师、管理者和抄写员组成的"知识阶层"。神庙建筑群中有大型的农产品储藏室，

1　即乌鲁克。——本书脚注均为译者注

为数百名手工艺人和劳工提供食物。可以说，神庙在货物的储存、分配和交换中发挥着重要作用，它庞大的管理体系和劳动力直接推动了文字的发展。大约从公元前3400年开始，为了保存货物记录和交易合同，苏美尔人开始使用一种早期的楔形文字。

后来，随着贸易的蓬勃发展，私人住宅里也有了文字的痕迹，内容与经济活动有关。尽管文字仍属于上层阶级，但它的用处越来越广泛，如各国国王之间的外交往来、记录歌谣、政治宣传、信件往来、撰写诗歌（如《吉尔伽美什史诗》），最重要的是，人们开始起草法律法规了。在美索不达米亚平原上，每征服另一城邦后，新的政权都会宣布一套新的法律法规。法典是一个社会决定性的文件、原则性的声明，也是对反抗权威者的警告。这些记录下来的现存最早的法典能够帮助我们更好地了解早期的刑罚历史。

文字的发展：陶筹理论

为什么文字会在美索不达米亚地区发展起来？考古学家丹尼丝·施曼特·贝瑟拉提出的"陶筹理论"被学者认为是最有可能的原因。

陶筹平均长 2 厘米，大约有 20 种形状（最常见的有圆锥、圆盘、球体和半球体），自新石器时代起就被用于记录农作物产量。乌鲁克时期，陶筹出现了新的复杂形状，反映了商品交易数量的增长。这一时期，陶筹也开始用于记录合约。在运输货物的合约中，陶筹被包裹在一种泥土球（bulla）"信封"中，泥土表面印有一到两个不同的印章，以方便人们确认里面的内容。到货后，人们根据泥土信封中的陶筹对货物进行核验。

为了不打破信封就能确认里面的内容，商人在泥土信封的表面印上陶筹的印记。如此一来，有了当事人的印章和信封外的陶筹印记，里面的陶筹反而不重要了。商人开始用符号来记录他们的交易。随着这些符号变得愈加复杂，文字也就出现了。

早期的法典

乌尔纳姆于公元前 2050 年左右创建了乌尔第三王朝，他颁布的《乌尔纳姆法典》是目前已知的世界上最早的法典。然而，有证据表明，在此之前还存在别的成文法。大约在公元前 2400 年，国王乌尔恩戈宣称自己"遵照众神的法律"执行审判。后来，在公元前 2350 年左右，拉格什国王乌鲁卡基那声称自己将现有的所有法规汇编成了法典。尽管该成文法典已经遗失，但人们还是发现了一块提及此法典的改革铭文。在铭文中，乌鲁卡基那宣称，全体民众都有权利知道每项定罪和刑罚的理由。他还声称他的法律改革是为了结束贵族对人民的压迫和虐待，另外还提到了神庙和国家之间的权力斗争。

乌鲁卡基那制定的法典很可能是后来美索不达米亚法典的基础，因为它们都基于相似的法理，甚至拥有相同的结构：首先，序言部分宣告国王统治城市的神圣职责，然后是法规的主体部分，最后是警告那些不遵守国王法律的人将会受到诅咒。乌鲁卡基那的改革铭文中并没有太多关于实施刑罚的具体案例，但记载了强盗和通奸妇女会被刻有其罪名的石头砸死。人们认为，之所以对通奸女性进行如此严厉的处罚，是因为通奸行为会削弱家族的血统。在当时，苏美尔人很有可能有某种祖先崇拜的信仰，破坏血统则会被视作亵渎神明。因此，不论是汉谟拉比法典，还是古希伯来法，抑或在古典希腊时期，通奸的妇女都会被判处死刑。

由于吉尔伽美什拒绝了女神伊师塔的求爱，伊师塔派来"天堂公牛"对吉尔伽美什及其城市进行报复。但吉尔伽美什在恩奇都的协助下杀死了公牛。

《乌尔纳姆法典》

　　刻有《乌尔纳姆法典》的泥板并非原件，而是几个世纪后制作的抄本。序言宣称，乌尔纳姆被众神选为乌尔的统治者，并列举了他的一系列丰功伟绩，如铲除腐败、建立统一的度量衡制度，以及发起社会和道德改革。接着，序言指出该法典旨在确保"孤儿不受富人欺凌，寡妇不受权贵强暴，拥有1谢克尔银之人不受拥有1迈纳[1]银之人的压迫"。泥板损坏严重，只能辨认出五条法规，且启发性不大。其中，一条法规是关于溺刑的，一条是将奴隶归还给他的合法主人，另三条如下：

　　　　如果有人砍断了别人的脚，那么他应当偿付10谢克尔银。

　　　　如果有人在斗殴时，用棍棒打断了别人的肢体，那么他应当偿付1迈纳银。

　　　　如果有人割伤了别人的鼻子，那么他应当偿付2/3迈纳银。

1　迈纳和谢克尔都是古代两河流域地区的重量单位，主要用来计重白银。1迈纳等于60谢克尔。

幸运的是，我们还有更多遗迹可以研究。苏美尔人痴迷于记录，数百块刻有法庭记录的泥板"迪提拉"（ditilla）留存了下来。根据这些泥板可知，恩西（ensi）是大祭司以及城镇和城市的统治者，代表国王执行审判。神庙被用作法庭，仅仅因为神庙提供了便于审判的地方。那时还没有职业法官，审判者来自各行各业，在神庙学校"埃杜巴"（adubba）中接受培训后上任。国家掌握审判权，神庙作为知识的传播者、公正和美德的见证者，依然发挥着重要作用。

苏美尔法律体系的其他部分更趋现代化，其中规定，诉讼不仅可以由当事人提起，还可以由国家提起（如果案件涉及国家利益）。在审判时，证据包括当事人和证人在宣誓后的陈述，以及专家或高级官员提供的陈述或书面文件。另一份"迪提拉"则记录了一种由"尼普尔的七位皇家法官"主持的终审法庭。

苏美尔人在后期记录的一起谋杀案中，犯人被处以死刑。其他罪行也可能会判处死刑，但大多数罪行都以罚款告终。大约在乌尔纳姆王朝之后的一个世纪，出身闪米特族的阿摩利人，伊辛国王里皮特·伊什塔尔，用苏美尔语编写了一部法典，旨在"建立正义，维护苏美尔人和阿卡德人的福祉"。法典仅部分可辨，其中只有三条与刑罚有关的法规。在所有案例中，违这幅石版画创作于 1852 年，图为神庙的入口，该神庙位于卡拉赫（今尼姆鲁德）的高丘，被巴比伦人用作法庭。

法者都以支付罚款作为赔偿：

> 如果一人进入他人果园行窃被捕，此人应偿付 10 谢克尔银。

与之前的美索不达米亚法典一样，此时最常见的惩罚是罚款。

《埃什南纳法典》

公元前 2000 年，乌尔第三王朝覆灭后，苏美尔边界以外出现了许多新城市。其中一座城市叫作埃什南纳，位于如今伊拉克首都巴格达以北 50 千米。巴比伦国王汉谟拉比曾在公元前 1720 年左右征服了这座城市，除此以外，我们对它的历史知之甚少。

1945 年和 1949 年，人们先后发现了两块刻有《埃什南纳法典》的泥板，它们是法规、规章和判例的零散汇编。目前为止，仅有部分内容得以破译。法典的作者尚不清楚，其内容也并非一人所写。这两块泥板被认为是私藏品，而非官方抄本，很可能属于某个法庭官员，或者用于抄写员训练。

埃什南纳社会有两个阶层：上层的"阿维鲁"（awilum）和下层的"穆什钦努"（muskenum）。两个阶级的公民都是自由民，在法律面前一律平等。除此之外，还有一个奴隶阶层，他们的合法权利较少，但仍受到法律的保护。不过让人惊讶的是，奴隶可以和"阿维鲁"结婚，他们的孩子也将是自由公民。

《埃什南纳法典》似乎涵盖了公民生活的方方面面，包括婚姻、财产、贷款、遗产继承、违约、土地纠纷以及收成和牲口问题。在犯罪和刑罚部分，该法典列出了五种刑事罪行：偷窃或入室盗窃、绑架、杀人或人身伤害、性犯罪以及伤害牲畜。

法典提到的惩罚几乎全是罚款或其他形式的补偿。不过，在涉及人身伤害的案例中，法典提出了一正如法国考古学家查尔斯·奇皮兹所设想的那样，巴比伦的马尔杜克神庙在苏美尔语中叫作"埃特曼安吉"（Etemenanki），意为"天地的基石"。经过开采后，该遗址目前是一个巨大的坑洞。

项分级指控标准：

> 如果某人咬掉另一人的鼻子，他应偿付 1 迈纳银。一只眼睛——1 迈纳银；一颗牙齿——半迈纳银；一只耳朵——半迈纳银；一个耳光——10 谢克尔银。

也有一些死罪：

> （如果）一个人白天在穆什钦努的农田里被
> 抓获，他应偿付 10 谢克尔银。如果他夜里在农
> 田被抓获，他应该死，不可活。

未经允许进入农田被认为是盗窃的前兆。与后来
的古法典一样，同样的罪行，在白天和在夜晚是大不
相同的。这是因为人们将夜晚与巫术联系在一起，至
少夜晚与诡计有关，而任何威胁城市食物供应的潜在
因素都会引起国家的高度重视。

阿卡德语不区分男女人称代词，这给某些法规的
解读带来了极大干扰。可以肯定的是，法典规定通奸
案中的一方将被处决，但我们无法确定被处决的到底
是男人还是女人：

> 当女人在另一个男人的怀抱中被抓住时，
> 他／她应该死，不可活。

尽管存在着这样的歧义，但先前和后来的刑罚都
表明，如果只有一名通奸犯被处决，那么此人更有可
能是女人，而不是男人。

这幅《圣经》插图由古斯塔夫·杜雷创作，展现了被囚禁在巴比伦的希伯来人，他们是尼布甲尼撒王的俘虏。希伯来社会及其信仰起源于美索不达米亚地区，并且一直受到美索不达米亚思想的影响。

《汉谟拉比法典》

《汉谟拉比法典》是现存最早的比较完备的法典，大约在公元前 1750 年用阿卡德语在巴比伦写就。该法典广为流传，极具影响力，成为后来美索不达米亚地区和欧洲的许多法典的基本模板。

国王汉谟拉比（前 1795—前 1750 年）开创了强盛伟大的巴比伦城。他即位时，巴比伦城处于波斯西部的埃兰人的控制之下。在其统治的第十四年，汉谟拉比解放了巴比伦城，继而开始向敌对城邦发起一系列攻击。通过缔结同盟和发起一系列军事行动，大约在公元前 1760 年，汉谟拉比将王国疆域从波斯湾扩张到哈布尔河，基本就是今天的伊拉克地区，以及著名的古巴比伦帝国的所在地。

在建立帝国的同时，汉谟拉比还着手兴修基础设施，完善管理体系。在任期间，他亲自监督灌溉、修建运河、实行税收、创立邮政服务和建造公共建筑。作为国王，汉谟拉比是国家司法的最高领袖，认真履行了自己的法律责任。在其政府保留下来的数千份记录中，有多份呈给国王的上诉信，以及汉谟拉比做出的司法裁决。在其统治的最后时期，汉谟拉比用一部法典统一了整个帝国，即著名的《汉谟拉比法典》。

该法典之所以如此重要，是因为其开创了沿用至今的合法权利和司法程序，尤其是所有人都能获得一定程度的法律保护的原则。然而，《汉谟拉比法典》并非以平等主义原则出名，而是以严厉的惩罚闻名于世。该法典规定死刑适用于各种罪行，依据的原则是同态复仇，实施犯罪行为的身体部位将被打断或者截去。

与所有美索不达米亚地区的法典一样，《汉谟拉比法典》也以宣告国王的伟大为开端：

> 为使强不凌弱，为保护孤儿寡妇，我在巴比伦……为了在这片土地上宣扬正义，化解一切纷争，治愈一切伤痛，将我的至理名言刻在纪念碑上，竖立在我——正义之王——的雕像前。
>
> 我，众王之统治者。我的话语经过深谋远虑，我的智慧举世无双……让那些身负案件的受压迫者来到我——正义之王——的雕像前；让他阅读铭文，理解我的箴言；铭文会解释他的案件；他会发现什么是正义，他会欣喜雀跃，因此他将赞颂："汉谟拉比，伟大的统治者，臣民的父亲……"

为使世人看见，汉谟拉比将法典刻在一个近 2 米高的黑色玄武岩石柱上，并将其置于巴比伦的马尔杜克神庙中。汉谟拉比还在帝国周围的城市竖起无数块复制品。1901 年，在波斯北部的苏萨城，一支法国考古探险队发现了一块被认为是原件的石柱。据推测，埃兰人在公元前 12 世纪洗劫巴比伦时，将石柱作为战利品带回了他们的首都苏萨城。

该石柱目前陈列于巴黎卢浮宫。当然，能读懂法典的人很少，但石柱顶端的浮雕却令人印象深刻。浮雕中，汉谟拉比端坐于宝座，双手举起祈祷，接受太阳神沙玛什的法律。在此处，宗教被描绘为国家的服从者，为国家权力提供了神圣辩护。这种"君权神授"的思想一直延续到近代。

判例法

与其说《汉谟拉比法典》是一部法典，不如说它是一部案例汇编，囊括了苏美尔人的习惯法，以及汉谟拉比自己的一些裁决。刑法只是其中的一部分。51 根刻有楔形文字的石柱包含 282 条法规，旨在规范巴比伦社会的方方面面，包括工匠和劳工的具体工资等。贸易、土地所有权和农业受到了严格管制。损害农作物或牲畜，未能维护汉谟拉比修建的运河和堤坝，都会受到严厉的处罚。该法典还涉及结婚、离婚、收养、继承和奴隶所有权，私人和家庭生活也得到了良好

《汉谟拉比法典》刻在一个黑色玄武岩石柱上。在石柱顶端的浮雕中，汉谟拉比端坐于宝座上，双手举起祈祷，接受太阳神沙玛什的法律。

规范。

汉谟拉比为他的臣民带来了正义，但并非平等。与埃什南纳一样，巴比伦社会也由两个自由阶级组成，即"阿维鲁"和"穆什钦努"，以及下层奴隶阶级。实施什么样的惩罚完全基于受害者的身份地位。

其刑法依据的原则是同态复仇。平级之间的人身攻击将受到同等的残酷惩罚：

> 如果一个人挖掉另一个人的眼睛，他的眼睛也该被挖出来。　　　　　　　　（196）
>
> 如果一个人打断另一个人的骨头，他的骨头也该被打断。　　　　　　　　（200）
>
> 如果一个人打掉另一同等地位者的牙齿，他的牙齿也该被打掉。　　　　　　（196）

殴打自己父亲的人会被砍断双手，为奴隶消除奴隶印记的烙印师也会被砍断双手。作伪证或否认父母者会被割掉舌头，窥探禁忌秘密者会失去一只眼睛，强奸犯会被阉割。

然而，下层阶级的受害者则被认为是无足轻重的，侵犯下层人只需要缴纳罚款：

> 如果一个人（上层人）挖出自由人的眼睛，

或者打断自由人的骨头，他应偿付 1 迈纳金。

如果一个人（上层人）挖出奴隶的眼睛，或者打断奴隶的骨头，他应赔偿奴隶价格的一半。

（196—199）

个人和国家都可以拥有奴隶。奴隶在神庙、宫殿、公共建筑和大型建筑工程中劳作。在巴比伦，奴隶由战俘、罪犯和欠债者组成。那些无力偿还债务的人将受债权人奴役，或者让妻孩代替自己劳作。

《汉谟拉比法典》规定，被奴役的欠债者在偿清债务后必须被释放，且奴役期不超过三年。三年期满后，其债务将得到合法免除。殴打兄长或踢踹母亲者也会遭到奴役。

所有奴隶，包括战俘和那些不幸生而为奴的人，都享有法典规定的权利。他们受到法律的保护，免受伤害和虐待，包括来自主人的伤害。即便如此，奴隶的地位依旧低下，杀害一个奴隶所需支付的罚款只和更换奴隶所需的花费一样。

奴隶能够获得薪水、做生意和拥有财产。许多奴隶最终可以用钱赎回自由。他们还被允许和自由公民结婚，所生的孩子也是自由公民。

主人和女奴隶所生的孩子仍是奴隶，但可以被主人收养并赋予合法地位，从而享有全部继承权，这种

《汉谟拉比法典》保证了人们的权利和自由，但这些似乎更像是副产品。法典的真正目的是维持帝国的财富和稳定，以及统治阶级的权力。

情况也很常见。在巴比伦的法庭记录中，人们发现了奴隶合法化和收养的证明。

在巴比伦社会，女性公民的地位比奴隶更高，但仍被视为二等公民。尽管如此，她们确实拥有一些合法权利，并在某些情况下受到法律的优待。比如，法典保护妻子免受配偶的忽视。如果忽视能够得到证明，婚姻就会被取消，妻子可以带着嫁妆离开。在缺乏证据的情况下，被丈夫指控通奸的妻子不能被定罪：

> 如果一个男人控告自己的妻子，但她并未被抓获有与其他男人共寝之事，她应对神宣誓，然后可以回家。

（131）

尽管如此，女性的权利仍远远不及男性。面对丈夫无根据的指控，妻子可能会得到保护，但如果再有一人发起指控，妻子就必须接受神的考验以证明自身的清白：

> 如果一个男人的妻子因其他男人而被人指摘，但她并未被抓获有与其他男人同寝之事，那么她应为了丈夫投河。

（132）

疑似通奸者将被投入幼发拉底河。如果她是无辜的，那么她会安全地抵达对岸。如果她有罪，则会淹死在河里。

如果妻子未能履行婚姻义务，丈夫可以和她离婚，并且分文不予，让她离开；或者再娶，让她在家中做仆人。丈夫可以和没有为他生子的妻子离婚，但必须归还她的嫁妆。如果妻子生了孩子，她的丈夫必须支付赡养费以养活整个家庭，直至所有孩子成年，才能离婚。在这之后，妻子获得自由，可以再度"嫁给自己心仪的男人"，嫁妆也会分给妻子和孩子。但对女人来说，离婚并非好的选择。如果女人走出家庭做生意，她可能会被丈夫休掉，没收嫁妆。如果她"四处游荡，忽视家庭和羞辱丈夫"，她将被判处溺刑。

一项禁止强奸的法律并没有看上去那么开明，可以反映当时女性的地位：

> 如果一个男人强迫另一个男人的未婚妻（这个女子仍是处女且居住在她父亲的家中）和他发生性关系，被逮捕后，这个男人将被处以死刑。但是，女性可以免责。
>
> （130）

这条法规非常具体。它不能保护所有女性免遭强

如果一个女人和她的丈夫争吵，并说"我们性格不合"，她必须提供相应的证据和理由。如果她没有犯过罪，而且没有过错，但是丈夫离开和忽视她，则女人免罪，可以拿回她的嫁妆并回到她父亲的家。

——《汉谟拉比法典》，142

如果医生给自由人的奴隶做大型手术，导致奴隶死亡，那么他必须提供另一个奴隶作为补偿。

——《汉谟拉比法典》，218—219

奸，只能保护已经订婚的女孩，以及在这背后涉及金钱交易的合法契约。所以这条法律保护的是契约，而非人。

在其他方面，法律确实为公民提供了保护，比如通过让医生为自己的行为负责来保护人们免受糟糕的治疗：

> 如果医生在给病人做手术的过程中致其死亡，或者用手术刀医治肿瘤时挖出病人的眼睛，那么医生将被砍手。

法典还鼓励医生在工作中尽最大努力，根据他们医治的患者的地位给予相应的奖赏：

> 如果医生治好了一位"阿维鲁"的断骨或其他病痛，他将得到 5 谢克尔银。
> 如果患者是"穆什钦努"的儿子，他将得到 3 谢克尔银。
> 如果患者是"阿维鲁"的奴隶，他将得到 2 谢克尔银。
>
> （220—222）

《汉谟拉比法典》还列举了所有公职人员的责任，

以保护公民的权利。地方长官和政府官员应当抓捕罪犯，不这样做的话就会受到惩罚。如果未能抓住窃贼，官员必须赔偿被盗的财产。如果未能找到凶手，官员将向受害者的亲属支付罚款。

在巨额罚款和永久性免职的威慑下，连法官也因畏惧而不敢不秉公执法：

> 如果法官审理案件，作出判决，并提出正式判决书，但后来发现他的判决存在错误，并且是由于他自己的过错，那么他将偿付原案中罚款的十二倍，他的法官席位将被撤销。他再也不能出席审判。
>
> （5）

如果专业人员没能认真履职，他可能会付出沉重的代价。如果建筑师建造的房子倒塌，压死了房主，那么他将被处以死刑。

死刑

死刑适用于各种罪行，包括盗窃、出售或接收赃物、绑架、协助奴隶逃亡，甚至欺诈销售酒水或者经营混乱的小酒馆。

这些案例没有规定死刑的方式，但许多罪行有特定的处决方式。通奸、重婚、强奸已订婚的少女，以及作为妻子而品行不端，都会被处以溺刑。和母亲乱伦会被处以火刑。盗窃罪会被处以绞刑，并要在偷盗现场执行。这一可怕的处决方式同样适用于火灾现场的盗窃：

> 如果房屋失火，前来救火的人觊觎并拿走屋主的财产，此人应被扔进同样的大火中。
>
> （25）

尽管从现代标准来看，这种处罚过于严苛，但该法典也建立起一些重要的法律原则，比如：没有证据就不能定罪，作证前必须宣誓，发起诬告会受到处罚。如果原告和证人在法庭上编造谎言，且得到证明，他将遭受被告原本所要经受的同样惩罚——这又是一个相当巧妙的同态复仇法。

在巴比伦法律中，公民有权向上级法院和国王上诉。许多保存下来的信件都是写给汉谟拉比的上诉请求，据说汉谟拉比也曾听审过一些申诉。上诉是一项真正的权利，并且得到了落实。然而，该法典的一个重要宗旨是没有任何价值的案件不会呈送给上级法院或国王。大部分上诉请求都与契约有关，这也是《汉谟拉比法典》的契约法如此详尽的原因之一。有了成文法典，许多反复出现的争议就可以直接解决，而不必诉诸上级法院，上级法院只需指出法典中的相关法规即可。

汉谟拉比留下的遗产

汉谟拉比之前的法典都没有出现过同态复仇，早期的阿卡德和苏美尔法典都采取罚款或其他补偿手段。在制定法典时，汉谟拉比遵循了这些早期的范本，但选择推行同态复仇。

为什么汉谟拉比没有选择人道的惩罚方式，而是转向更为原始的复仇方式呢？这其中似乎既有政治因素，也有个人原因。汉谟拉比在他统治的第四十年颁布了这部法典，当时，巴比伦王国正处于鼎盛时期。他来之不易的帝国是靠"胡萝卜加大棒政策"建立起来的，即一边修筑公共工程和实施法律保护，一边实行同态复仇和死刑。

历史告诉他，在每一位能力超凡的领导人去世后，其城邦都会重新独立，联盟也会解体。汉

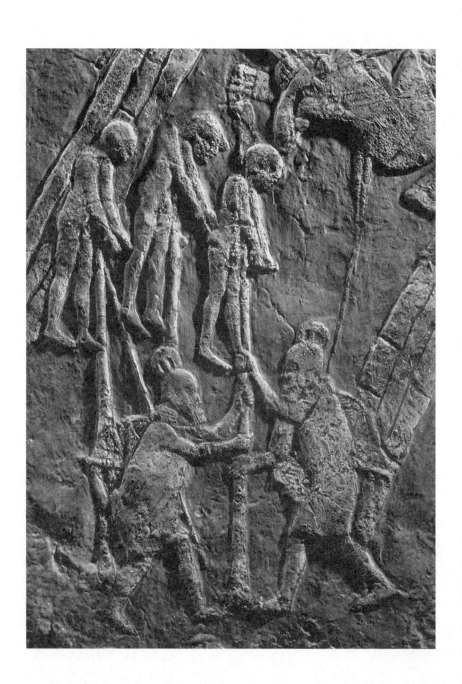

谟拉比大概知道，在他死后，帝国不会长久维系下去。我们在《汉谟拉比法典》中能够看到，这位年迈的国王想要掌控权力，并且留下一些东西，使自己名垂后世。果然，汉谟拉比死后，巴比伦帝国迅速分崩离析。最终在公元前 1600 年，赫梯人入侵巴比伦，杀死了萨姆苏·迪塔纳国王。

直到今天，世人都在为汉谟拉比复仇者的名号感到震撼，同时也惊叹于他作为保护者的仁慈。汉谟拉比不仅"征服了整个世界，让巴比伦名垂青史"，还通过"将他的至理名言刻在纪念碑上，竖立在他——正义之王——的雕像前"实现了永垂不朽。

第二章
中东法律体系

另外两大中东法律体系也以《汉谟拉比法典》为源头，即希伯来人的圣经律法和伊斯兰教法。公元70年，罗马人洗劫耶路撒冷，尽管犹太律法的学说一直在发展，但已不再是这片土地上的人民所遵循的主要法律了。相比之下，伊斯兰教法的实行断断续续，到20世纪中叶时几乎消亡。但在发展中国家政治和经济斗争的推动下，伊斯兰教法又再次进入伊斯兰世界。

摩西律法与十诫

和许多古代民族一样，希伯来人的起源故事融合了历史、传说和幻想。据《圣经》记载，希伯来部落的首领亚伯拉罕出生于汉谟拉比时代的乌尔城，先后

对页图：这幅1920年的插画描绘了监禁中的西缅——《圣经》中人物。

圣经律法宣称"用上帝之手写就"，与上帝建立了直接联系。因此，每一桩罪行都违反了上帝的意愿，必须受到惩罚。

移居到美索不达米亚西北部的哈兰和迦南。历史上希伯来部落的起源尚不明确，有可能是美索不达米亚的楔形文字铭文中经常提及的哈比鲁人。在铭文中，他们被描述为游牧民、流浪者，以及为巴比伦人、亚述人、赫梯人和胡里安人提供服务的雇佣兵。

希伯来人是最早生活在美索不达米亚地区的闪米特族之一。公元前 1500 年左右，希伯来人开始征服迦南，同时在迦南人那里受到美索不达米亚的影响。在拉美西斯二世（逝世于公元前 1225 年左右）对迦南长达 40 年的统治之前，希伯来人就受到了埃及社会和观念的影响。大约在公元前 1730 年，希伯来人加入了闪米特部落的一个松散联盟，即希克索斯人。他们一起南迁至埃及，取得了对埃及的控制权，在那里统治了 180 年，直至被一次叛乱推翻政权。此后，希伯来人一直被奴役着，直到摩西带领大批迁离者返回故土迦南。据说，在漫长的迁徙途中，摩西在西奈沙漠徘徊无助时，接受了上帝的十诫。

据《圣经》记载，希伯来人回到迦南，洗劫了杰里科，屠杀了所有迦南人，但考古证据并不支持这一点。希伯来人似乎在这片土地上逐渐蔓延开来，他们一边取代日益减少的迦南人，一边建立起自己的国家。

埃及人并没有忘记出走的希伯来人对其权威的

冒渎。埃及历史学家曼涅托在公元前3世纪写道："从东方来的人用计谋和武力征服了埃及，但随后遭到耻辱的驱逐，才出发前往犹太地。他们在那里建立了首都耶路撒冷，制定了一部仇恨全人类（除他们自己）的法典。"

据《圣经·出埃及记》记载，大约在公元前1300年，摩西从上帝那里得到两块石板，上面雕刻着或许是史上最有名的法规。如今，十诫及其基本宗旨已被载入世界各地的法律法规。

十诫是对公民法律义务的有效汇总，但并未提及惩罚，所以十诫不能算是一部法典。然而，《圣经》前五卷（又称"托拉"，意为律法）罗列了大量的罪行和惩罚方式。《圣经》中的惩罚沿袭了《汉谟拉比法典》中同态复仇的原则，这种惩罚方式非常适合结构简单的希伯来社会，因其不存在社会阶级，不区分贫富。根据教义，每个希伯来人都生来自由。同态复仇也被认为是对罪犯最好的威慑方式：

> 所有希伯来人都要听见和害怕，就不敢在你们中再行这样的恶。
>
> （《圣经·申命记》13：12）

《汉谟拉比法典》对圣经律法的影响是显而易见

图为古巴勒斯坦卷轴，内为《圣经》前五卷书，也被犹太人称为"托拉"。

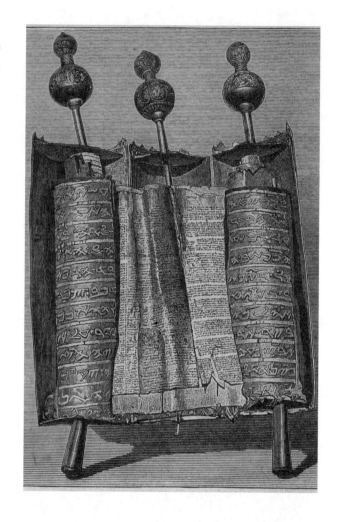

的，两者的结构、内容和术语大多相同，都拥有宗教依据。汉谟拉比在其法典的序言中宣称，他应众神的呼唤在王国执行正义。在诸如"铭刻在纪念碑上的我的话"和"我所做出的决判"等频繁出现的话语中，汉谟拉比确立了自己的著作权。然而，圣经律法则宣称"用上帝之手写就"，与上帝建立了直接的联系。因此，每一桩罪行都违反了上帝的意愿，必须受到惩罚。在法律的概念上，巴比伦人和犹太人的不同体现在他们对谋杀的态度上。

根据美索不达米亚法典，受害者家庭可以接受赔偿金，但在犹太律法中，已定罪的谋杀犯必须被处决。

尽管犹太律法宣称由上帝写就，但实际上是集体成果。公元前3世纪左右，"托拉"诞生了，作者未知。尽管"托拉"是最核心的文本，但也只是犹太律法中的一个组成部分。犹太律法被称为哈拉卡（Halacha），不仅包括成文法，还包含口传声明、口传律法、长老和抄写员的语录，以及各种习俗。

《密西拿》是一种口传律法，《塔木德》是法律辩论、历史、民间故事、谚语和对话的百科全书式的汇编集合。这两本书籍对"托拉"的法律教义进行了补充阐释。《密西拿》由拉比犹大·哈拿西于公元前2世纪汇编成书，《塔木德》成书于公元前220年至公元470年。对律法的分析和阐释并没有到此结束。科尔多瓦哲学家迈蒙尼德（1135—1204年）和约瑟夫·本·以法莲·卡洛（1488—1575年）都对《密西拿》和《塔木德》中的律法进行了重新编纂和解释。

惩罚

犹太法律哲学中的惩罚有三个目的：报应（惩罚罪犯）、威慑（严苛到足以让人们不敢犯罪）和救赎（试图得到上帝的宽恕）。

监禁、放逐、同态复仇、鞭笞和罚款都是对非死刑罪的惩罚。监禁适用于曾两次定罪的惯犯。根据迈蒙尼德的说法，监禁适用于那些犯下死罪但由于某些诉讼程序的问题而无法被处决的人。那些雇佣刺客杀人的人也会遭到监禁，而非处决，因为《圣经》和《塔木德》律法认为只有亲手杀人的人才会被判死刑。而对于非故意杀人或者过失杀人者，处罚是放逐到六个指定的逃城之一。不放逐到国外的原因是罪犯可能会被迫崇拜外邦的神。放逐一直持续到该逃城的大祭司去世。如果大祭司在罪犯被放逐一周后去世，罪犯将被释放。但如果这位大祭司刚刚上任，且年轻体健，那么罪犯会在囚禁中度过一生。由于囚犯并非是出于自愿而生活在逃城中，他们的安置费用均由城市支付。大祭司家族负责为囚犯提供衣食，这一规定也许是为了确保大祭司不会过早地离世。逃城还为受到指控的罪犯提供庇护，保护他们免受受害者家属的私刑。如果对逃犯的指控确凿，逃犯会被护送遣回，接受审判。

石头下被碾轧的人。这一惩罚来自《圣经》，首先用荆棘覆盖犯人，然后用巨石碾轧。

　　对他人的侵犯将根据同态复仇原则进行惩罚，罪犯受到的处罚将等同于他对受害者的伤害：

> 以命偿命，
>
> 以眼还眼，以牙还牙，以手还手，以脚还脚，
>
> 以烙还烙，以伤还伤，以打还打。
>
> 　　　　　（《圣经 · 出埃及记》21:23）

　　在后旧约时期，人们更倾向于用罚款来补偿身体伤害。人们开始用一只眼睛、一只手或一只脚的"价值"来描述惩罚。

　　鞭笞是168种罪行的首选惩罚，适用于7种乱伦罪，8种违反饮食戒律罪，以及祭司违反婚姻法的罪、

公元 35 年，圣斯蒂芬死于耶路撒冷。作为第一个为信仰而死的基督徒，斯蒂芬被指控亵渎上帝，在犹太公会前受审，最终被判处石刑。

与私生子或基遍人结婚的罪、和经期女性发生性关系的罪。

《圣经》中说：

> 只可打他四十下，不可过数。若过数，便是轻贱你的弟兄了。
>
> （《圣经 · 申命记》25:3）

后旧约时期，鞭笞的数量减少至 39 下。即使计数有误，总数也不会超过 40 下。后来，研究《塔木德》的学者提出了"按照犯人体力"鞭笞的概念。这意味着罪犯只会受到法庭认为的他可以承受的鞭数。

根据圣经律法，财产犯罪和造成轻微身体伤害的罪行只用支付罚款。在美索不达米亚法典中，某些情况下抢劫犯会被处以死刑。但在希伯来律法中，窃贼从未被处以死刑。如果犯人认罪并悔改，就可以避免处罚。

为偿还债务，借债者被卖为奴隶，但还清债务后便可获释，且奴役期不得超过 6 年：

> 如果你买希伯来人作奴仆，他必服侍你六年，第七年他可以自由离开，不必补偿什么。
>
> （《圣经 · 出埃及记》21:2）

十诫

上帝说：我是耶和华——你的神，曾将你从埃及地为奴之家领出来。

第一诫　除了我以外，你不可有别的神。

第二诫　不可为自己雕刻偶像，也不可作什么形象仿佛上天、下地和地底下、水中的百物；不可跪拜那些像；也不可侍奉它，因为我耶和华——你的神是忌邪的神。恨我的，我必追讨他的罪，自父及子，直到三四代；爱我、守我诫命的，我必向他们发慈爱，直到千代。

第三诫　不可妄称耶和华——你神的名；因为妄称耶和华名的，耶和华必不以他为无罪。

第四诫　当记念安息日，守为圣日。六日要劳碌作你一切的工，但第七日是向耶和华——你的神当守的安息日。这一日你和你的儿女、仆婢、牲畜，并你城里寄居的客旅，无论何工都不可作；因为六日之内，耶和华造天、地、海和其中的万物，第七日便安息，所以耶和华赐福与安息日，定为圣日。

第五诫　当孝敬父母，使你的日子在耶和华——你的神所赐你的土地上得以长久。

第六诫　不可杀人。

第七诫　不可奸淫。

第八诫　不可偷盗。

第九诫　不可作假见证陷害人。

第十诫　不可贪恋人的房屋，也不可贪恋人的妻子、仆婢、牛驴，并他一切所有的。

（《圣经·出埃及记》20:1—17）

死罪

摩西律法规定了 36 种死罪，包括谋杀、性犯罪、邪神崇拜、亵渎上帝和亵渎安息日。从"行巫术的女人，不可容她存活"这条规定可知，使用巫术也是一种死罪。这条法规后来在欧洲和新英格兰地区造成了极其可怕的后果。

摩西律法列出了三种处决方式：石刑、火刑和斩首。石刑是最常见的惩罚方式，主要用于惩罚危害整个社会福祉的行为，包括性犯罪。石刑由集体执行，但会要求控方证人先投石块。当时的人们认为，执行处决的重大责任可防止证人诬告。

火刑是对九种乱伦罪和一种通奸罪（和祭司的已婚女儿发生性关系）的惩罚。火刑的行刑方式尚不清楚，但在后旧约时代，人们采取了一种"人道"的方式，让两名证人用绳索将死刑犯勒死。绳子包裹着柔软材料，可以避免划破犯人的脖子引起额外的疼痛。当犯人张开嘴时，将熔化的铅液倒入他的喉咙，灼伤他的内脏器官。

斩首被认为是最快和最人道的方式，用于惩罚故意杀人犯和叛教者（公开宣布放弃信仰的人）。凡是摩西律法没有规定处决方式的，《塔木德》中就会以死刑惩处。这种处罚方式适用于伤害父母、绑架希伯

在图中的《圣经》场景中，人们正在用石块惩罚罪犯。

来人、虚假预言和诬告祭司之女通奸等罪行。如果法官拒绝承认上诉法庭——"大公会"的裁决，违抗"大公会"的权威，那么这名"反叛的法官"也会被勒死。

虽然圣经律法很严苛，但犹太人在实际审判中倾向于宽大处理，并且体现了一些重要的法律权利，如法律面前人人平等，以及不得强迫被告自证其罪，即被告不能自我归罪。罪行只能通过证据来确定，没有证据就认罪的人是不能被相信的。提起诉讼至少需要两位有资格的证人提供证词。

严苛的圣经律法可能一度受到严格执行，但可以肯定的是，在密西拿时代，法庭倾向于从宽解释法律。比如，石刑被一种更快的方法取代了，即将囚犯直接从平台上推下，法庭给出的理由是石块击打人的身体就和身体击打石块一样。"石刑屋"由一座两倍于人体高度的平台建成，因为人们确定这个高度会杀死犯人，但又不会让他承受身体破裂的侮辱。如果犯人还没死，人们就会朝他的胸口丢下一块巨石，迅速杀死他。和传统的石刑一样，这种处决同样由控方证人执行。

也许是因为犹太律法被视为上帝的律法，所以人们非常谨慎，避免给无辜者定罪。如果被告在犯罪时没有被警告他即将做的事是违法的，以及他可能受到

的惩罚，那么他不能被判罪。除此之外，司法程序中还有许多保护措施。在审判中，所有证人的证词被视为一个整体，而非单独割裂的。因此，如果其中一位证人的证词可疑，案件就会被驳回。

在死刑案件中还有进一步的保护措施。死刑案件必须由至少23名法官审理，并且至少要有两票以上的多数票才能定罪。一般案件的审理和宣判通常在一天内完成，但在死刑案中，第二天才能宣判，这是为了让法官有时间重新考虑。法官只能将有罪改为无罪判决，而不能推翻无罪判决。在死刑案件的投票中，平常的优先顺序将被颠倒，改为由初级法官先投，这样他们就不会受到高级法官所做决定的影响。

有关处决的规定也设有进一步的保护措施。为了

这幅1853年的版画出自英国探险家理查德·伯顿的《走向圣城》，描绘了朝圣者向"大恶魔"投石的场景。

在宣判和处决之间留出尽可能多的时间，处决地点被设置在离法院很远的地方。法官不能加入处决队伍，而是留在法庭继续思索证据。一旦有一位法官提出新论据，对审判产生了怀疑，那么游行队伍就会停止，犯人会重回法庭。行刑队伍的前方还有一名传令官，呼吁有拯救犯人信息的人们站出来。如果有公众站出来作证，那么犯人会被送回法庭，听取新证人的证词。

伊斯兰教法

自史前时期以来，阿拉伯半岛就一直被各种部落占据，其中主要是闪米特族部落。自公元1世纪以来，这些部落的人们就被称为阿拉伯人。阿拉伯部落大多聚居在村庄，经常相互起冲突。而随着神权政府的逐渐形成，半岛迎来了短暂的统一。阿拉伯半岛分布着纵横交错的商路，与埃及、欧洲和印度波斯文明保持着长期联系，但半岛内部与外界相对隔绝，有利于其形成独特的文化和宗教习俗。

阿拉伯人的经济基础建立在农业、渔业和贸易，尤其是乳香贸易上。在四个早期的阿拉伯王国中，迈因和萨巴王国的社会结构明显受到美索不达米亚文明的影响。迈因王国的社会结构类似美索不达米亚城邦，由国王统治，辅以由顾问和地方行政官组成的内阁。萨巴王国则类似于更早时期的美索不达米亚，由掌握宗教和世俗权力的祭司王统治。

最终，阿拉伯半岛成为伊斯兰教的发源地。尽管伊斯兰教后来在传播过程中受到了各种影响，但其观念在本质上仍未改变。变更法律是不被准许的，除非是回归原初的法律教义。伊斯兰教法始于伊斯兰教创始人穆罕默德。

大约在公元570年，穆罕默德·伊本·阿卜杜拉出生于麦加城古莱氏贵族的一个分支。穆罕默德白手起家进入商界，成为一名成功的商旅代理人。他经常和商队一起前往叙利亚，在当时，叙利亚还处于信仰基督教的拜占庭帝国的统治之下。在穆罕默德时代，许多阿拉伯人已经改信基督教，阿拉伯地区出现了犹太人部落。当时还出现了哈尼夫派，他们是先知亚伯拉罕的追随者。穆罕默德接触到的不同教义显然对他产生了影响，他开始公开反对麦加城的极富和极贫现象。据文献记载，公元610年，穆罕默德看到天使吉卜利勒的显现，天使首次向他传达了启示。此后，直至632年逝世，穆罕默德接受了他被赋予的使命。在他逝世后的10至20年间，他的追随者将先知的启示汇编成《古兰经》。

沙里阿

> ……然后，我使你遵循关于此事的常道。
> 你应当遵守那常道，不要顺从无知者的私欲。
>
> （《古兰经》45:18）

阿拉伯语中，"沙里阿"意为"明路"或"大道"，是伊斯兰世界的法律。在伊斯兰教中，法律被认为是神的旨意，掌管着仪式、信仰和日常生活的细枝末节。法律是神的意志，通过先知揭示给人们，因此，违反法律就是反对宗教。

伊斯兰教的法律属于神学的一部分，规范着所有人的行为。在伊斯兰教体系中，有五大行为：

1. 义务，如祈祷和捐献。

2. 可取的和提倡的行为，如释放奴隶和施舍乞丐。

3. 无关紧要的和道德中立的行为，如进行一次愉快的旅行。

4. 令人反感但不禁止的行为，如赌博，弄脏《古兰经》，吃洋葱、大蒜（因为会产生口臭）。

5. 禁止行为，如谋杀和饮酒。

沙里阿主要基于《古兰经》。《古兰经》包含道德和行为举止问题的最佳解决办法。但由于它篇幅较短，几乎没有直接提及法律，所以又补充了其他的文献。首先是逊奈（sunna），另外还有基于先前判决的类推（kias），以及伊斯兰法学家和宗教学者达成的共识——公决（ijima）。

换言之，沙里阿是在伊斯兰教成立之后的两个世纪里由伊斯兰教法学家制定的。和其他法典一样，沙里阿是一种将国家法律和权力实践形式化的工具。之后，伊斯兰教开始迅速传播，直到穆罕默德去世时已经传遍了阿拉伯半岛的大部分地区。一个世纪后，穆斯林居住区扩张至北非和西班牙，遍布整个中东地区，远至中亚和印度。

7世纪时，首都位于大马士革的倭马亚王朝（661—750年）是伊斯兰世界最强盛的王朝。正是在倭马亚时期，伊斯兰教法正式成形。在伊斯兰世界，鉴于各地的社会和法律习俗不同，教法的理论和实践存在很大差异，因此形成了四个主要的法律学派，每个学派都有自己的阐释。在法学家基于当前惯例为自己的判决寻找理论依据时，他们开始回溯过往领袖的权威，如首位哈里发（意指穆罕默德的继承人），"先知的同伴"，以及先知穆罕默德本人。

沙里阿不惩罚谋划犯罪，只惩罚罪行本身，但只有发起政变未遂是个例外，虽然在这件事上不同的学派也存在着分歧。

正如约瑟夫·沙赫特在《剑桥伊斯兰教史》中所写：

> 早在8世纪的伊拉克，"先知的逊奈"一词就从政治和神学语境转向了法律语境。……"先知的逊奈"一词在"传统"（圣训）中……并未包含任何确凿的信息，能够证明先知通过自己的言行创立或者认可了任何具体的行为规范。但不久之后，这些"传统"开始逐渐形成……
>
> 人们借助先知的权威，将现有的教义与先知的圣训联系起来，但这还不够，人们开始需要关于先知的更为具体的引述。于是，详尽的表述，甚至声称亲耳听见或亲眼看见先知言行的圣训出现了。这些圣训由可信的人口口相传下来……

在8世纪时，国家和宗教精英需要一部权威的经文来行使权力，且该权威是不可否认的。而伊斯兰世界的终极权威就是《古兰经》和先知穆罕默德的言行典范。

伊斯兰教法是在以巴格达为首都的阿拔斯王朝（750—1258年）时期确立的。当博识的伊斯兰教学者就某一点达成一致时，他们的决定就被认为是不可更改的，也不允许再辩论。对法律的个人解释权只适用于尚未决定的问题。12 世纪时，伊斯兰法学家认为所有问题都已得到解决，并宣布"创制的大门已经关闭"。正如约瑟夫·沙赫特所说的那样：伊斯兰教法在阿拔斯王朝早期已趋成熟，它的制定比任何事物都能够反映当时的社会和经济状况。

罪行与刑罚

根据伊斯兰教法，犯罪被定义为法律禁止和应受惩罚的行为，或是不履行义务的行为。基本原则是除了明确禁止和不鼓励的行为，其他一切都是合法的。

伊斯兰教法根据所受惩罚的类型对罪行进行了分类：

1. 接受固定刑（hadd）的罪行。

2. 由法官酌定处罚（ta'zir）的罪行。

3. 应受到受害者家族报复（qisas），或由犯罪者及其家族偿付赎罪血金（diyya）的罪行。

4. 违反国家政策，应受到行政处罚（siyasa）的罪行。

5. 应通过个人忏悔或赎罪（kaffara）得到纠正的罪行。

前三类罪行由无陪审团的伊斯兰教法庭中的法官

审理。行政处罚由世俗法院执行。忏悔自愿进行，因此不受法院管制。

固定刑

固定刑是《古兰经》和"圣训"中规定的固定刑罚，适用于通奸和非法交媾、诽谤和诬告、酗酒、偷盗、抢劫、叛教和政变未遂等。相关的罪行还有杀人（分为过失杀人、蓄意杀人和参与谋杀）以及故意伤人，惩罚方式为同态复仇或赎罪血金。

私通罪（zina）指的是与合法配偶以外的任何人发生性关系。如果一个自由人犯了私通罪，他会被处以石刑。如果是奴隶，他会被鞭笞 100 或 50 下。这些惩罚方式并非出自《古兰经》，而是由最初的哈里发制定的。

由于惩罚十分严重，对证据的要求也就非常严格。指控必须在犯罪后的 1 个月内提起，必须有四名男性证人，而非通常情况下的两名，抑或是被告自己承认罪行。证人也会受到更为严厉的约束，一旦指控被驳回，即使因为程序性的原因，证人也会因为诬告通奸而被处以固定刑：自由人处刑 80 鞭，奴隶处刑 40 鞭。

自由人饮酒将被鞭笞 80 下，奴隶则是 40 下。穆罕默德曾对酗酒行为感到愤怒，认为饮酒会对社会造成不利影响，因此禁止人们饮酒。这条禁令并非出自《古兰经》，而是后来设立的。

偷盗者将被砍掉右手。第二次偷盗则是砍掉左脚，第三次是右脚，第四次是左手。实施处罚有几个前提条件：被告必须是体智健全的成年人，偷盗行为必须是有预谋的和秘密进行的。扒手和在受害者屋内被捕的小偷不会受到固定刑惩罚。所偷的物品必须达到一定的价值，且必须是合法的。偷走葡萄酒不会被惩罚，盗窃书籍也不会被惩罚。伊斯兰教法认为小偷盗取的不是书，而是书中的内容。

拦路抢劫和劫掠被认为是威胁社会稳定的严重罪行。此类罪行包括抢劫漂泊在外的旅行者，以及持械抢劫私人住宅。相应的处罚也很严重：初犯者将被砍掉右手和左脚，再犯时砍掉左手和右脚。如果罪犯杀死了受害者，惩罚则变成用剑斩首；如果是预谋杀人，罪犯将被钉死在十字架上，尸体必须悬挂三天。这种死刑是强制性的，不能用血金赎救。

叛教罪的惩罚是死刑。一些伊斯兰教学派认为，叛教者无须接受审判和处罚，可以直接处死。然而，其他学派并不认为叛教是一种固定刑罪行。

酌定刑

酌定刑适用于那些没有规定固定刑和复仇刑的案件。这种刑罚是在倭马亚王朝时期确立的，旨在补充《古兰经》中未列出的新罪行。

酌定刑罪包括食用血或尸体等违禁物、作伪证、放高利贷、诽谤、偷窃非贵重物品、收受贿赂、出售物品短斤缺两，以及为非穆斯林敌人从事间谍活动。通常来说，如果法规涵盖不够全面，法官在定罪时就拥有相当大的自由权。惩罚的方式也各式各样，有告诫、私下训诫、法庭谴责和公开谴责，也有缓刑、罚款、流放、鞭笞和监禁，而对于间谍等罪行，则处以死刑。

酌定刑的作证标准没有固定刑严格，只需一份供词或者两名证人的证词即可。一些法官可能允许其中一名证人是女性，但在固定刑案件中，证人必须为男性。酌定刑的供词不能撤销。有法学家认为，在处理酌定刑案件时，法官不需要供词和证人，可以完全按照自己的理解给犯人定罪。

复仇和赎罪血金

在集权政府、成文法和伊斯兰教还未出现时的阿拉伯半岛，攻击其他氏族会受到该氏族的报复，血仇十分常见。与荷马时代的希腊一样，为了取代不受约束的氏族复仇，当时的阿拉伯出现了仲裁法庭，旨在以同态惩罚或者向受害者家族偿付血金方式，取代氏族之间不受限制的报复。

伊斯兰教法废除了血仇，限制人们彼此报复。法官会根据罪犯的罪责程度和受害者的伤害程度进行审判，依据教法决定合适的报复行为和惩罚。

对于杀人和人身伤害，伊斯兰教法规定了三种惩罚方式：同态复仇、偿付血金和忏悔。同态复仇意味着罪犯将遭受与受害者相同的命运。对于人身伤害，罪犯会受到确切的报应，即以眼还眼，以牙还牙。但如果受害者只失去了单一的器官，罪犯则不会受到同态复仇。在这种情况下，受害者必须接受犯人的血金赔偿。

在杀人案件中，由受害者的近亲对犯人执行处罚；在人身伤害案件中，受害者有权执行处罚。而在如今，惩罚由国家执行。其实在伊斯兰教建立的前几个世纪里，国家代替处罚也时有发生。如果受害者没有家人，国家就会代他提起诉讼。

　　杀人和人身伤害还可以通过偿付血金来惩罚。根据 8 世纪的阿拉伯习俗，传统的赎罪血金分为两个级别：重罪和轻罪。重罪要支付的血金是 100 头母骆驼，以及 1 岁、2 岁、3 岁和 4 岁动物各 100 头；轻罪则是 80 头相同年龄的母骆驼，以及 20 头 1 岁的公骆驼。

　　自由的穆斯林男子须赔偿完全血金，穆斯林女子须赔偿的血金为男子的一半，非穆斯林男子是三分之一到一半不等，奴隶则是其市场价值。对于人身伤害的惩罚也分为不同等级：失去单一器官收到的血金与杀人需要偿付的血金相等。失去数量超过一个的器官，血金按比例计算：伤害一只手臂、一条腿或一只眼睛，赔偿半数血金；伤害一根手指，赔偿 1/10 血金；伤害手指的一个关节，赔偿 1/30 血金；伤害一颗牙齿，赔偿 1/20 血金。

行政处罚

　　伊斯兰国家不能脱离伊斯兰教法独自立法，但可以执行教法未囊括的行政法规。政府法规的制定与伊斯兰教法并不冲突，但实际上，从伊斯

兰教兴起的最初几年开始，国家就利用行政法规
来取代伊斯兰教法，在定义含糊的酌定刑案件中
就更容易实施了。

在伊斯兰教律法传统中，国家在一定程度上
可以控制法律，法学家承认世俗法院有权限制伊
斯兰教法官的司法权。到 20 世纪中叶时，许多
伊斯兰国家已经采用世俗刑法，或者废除了伊斯
兰教法庭，又或者将伊斯兰教法庭限制在刑法之
外。这种状况一直持续到 20 世纪末伊斯兰教法
复兴之前。

忏悔

忏悔的方式包括释放穆斯林奴隶、在白天斋戒、
禁欲和施舍穷人。忏悔行为几乎都是自愿的，只有在
极少数案件中，法官会要求人们忏悔。受忏悔惩罚的
罪行有违背誓言、作伪证、在斋月期间破斋，以及在
前往麦加朝圣期间违反教规。

第三章
欧洲的遗产：
民主与法制

据说，罗马人留下的最伟大的遗产是他们的法律。当然，这也是他们最经久不衰的遗产。罗马的神庙和渡槽早已崩塌，但法律仍然流传，且被纳入欧洲各国法典。而历史总是如此相似，罗马人的大部分法律都是从希腊人那里借鉴来的，而希腊人是从美索不达米亚人那里借鉴来的。希腊的迈锡尼文明（前 1400—前 1200 年）曾吸收巴比伦法律的一些特点。接着，东方的法律思想便随着古风时期和古典时期的希腊商队一路向西传播。民主雅典的许多法律权利和程序都源自《汉谟拉比法典》。

对页图：几个世纪以来，或真或假的恐怖罗马刑罚丰富了人们的想象力。这幅 19 世纪的插图展示了一副由绞盘拉紧的奇特刑架。

雅典留下的遗产

在希腊文明为现代世界所做的贡献中，最伟大的当属民主制度，它始于公元前 8 世纪的雅典。正是普通民众对法律权利的追求促使雅典开始尝试民主政治。公元前 12 世纪，迈锡尼文明没落了，此后，希腊经历了一段漫长的黑暗时代，正是在这段时期，人类向合法的民主权利迈出了第一步。

在此期间，艺术、文化和文字都消失了，经济崩溃，人口减少。由于没有中央集权的政府，权力分散在地方国王手中。从理论上说，君主的权力是绝对的，他们在自己的领地拥有绝对的权威，掌控着宗教仪式，有权审判和惩罚罪犯。但是，他们强迫民众的能力是有限的。正如当时的希腊诗人赫西俄德所说，君主的权力最终取决于民众的意愿："当民众在大会上偏离正轨时，他（君主）会温和地拨正方向，用温和的话语说服他们。"

然而，在当时法律的统治下，下层阶级的不满情绪急剧高涨，以至于到最后"温言软语"已经不管用了。在史诗《伊利亚特》和《奥德赛》中，荷马让我们得以窥见黑暗时代的司法。这两部史诗写于公元前 8 世纪，但故事大约发生在此之前的 400 年前。国家负责惩罚危害社会的罪犯，但和所有的民事犯罪一样，杀人被视为私事。法院会进行公开审判，给犯人定罪，但起诉和惩罚就是受害者家属的事了。审判的首要目的是确认受害者家属是否可以接受血金赔偿。如果他们接受，法院将记录偿款，禁止受害者家属再次索取赔偿和对罪犯进行报复。

在黑暗时代，人们认为放弃报仇是懦弱和可耻的，血仇十分常见。在雅典城邦早期，惩罚在很大程度上仍是犯罪者和受害者之间的私事，但受害方可以选择荷马式仲裁或是将罪犯送上法庭。地方长官由地方贵族担任，赫西俄德把他们称作"贪贿之王"，经常用他们"狡诈的决定"来压迫人民。那些无权无势的人无法获得真正的正义，他们甚至无权向法庭起诉，而不得不寻找愿意代表他们发言的上层公民。

在黑暗时代，国王身边最出色的追随者开始拥有越来越多的权力和影响力。因此，到公元前 8 世纪时，雅典实际上由世袭贵族统治。正如国王依赖贵族的意见来统治，贵族也不能完全忽视平民和农民的意愿。下层阶级在贵族议会中的代表权有限，于是他们诉诸仲裁来解决不满。亚略巴古议事会是一个拥有司法和立法权的贵族机构，也是雅典最早的机构之一：

　　　亚略巴古议事会是法律的守护者，它监视各地方法官，使他们依法治理。一个人如果受到

人们定期召开亚略巴古议事会，讨论国家大事和审议死刑
案。该议事会也是雅典最早的代表机构之一。

不公正的待遇，便可向议事会提出申诉……陈述他遭受的不公正待遇所违反的法律。

（亚里士多德，《雅典政制》，第 4 章，第 4 节）

大约在公元前 750 年时，雅典建立起城邦，贵族权力开始减弱。社会状况发生改变，经济复苏，人口上涨，农民阶级增长得最快。与此同时，新兴的非贵族中产阶级依靠农业和贸易繁荣起来，开始寻求政治权利、法律权利，以及免受君主专断决定的保护。

另一方面，民主政治，首先在于它享有最美好的名声，它意味着在法律面前人人平等；其次，它可以避免一个国王所惯常犯下的种种暴行。各种职位都由抽签选定，公职人员要对他们所作所为负责，而对于他们的评价则取决于人民大众。因此，我的意见是，我们要废除君主政治，扩大人民的权力。因为人民是最重要的。

（赫西俄德，《历史》，第 3 卷）

到公元前 7 世纪后期时，新兴的民主政体已经形成。所有自由的成年男性公民都有权参加公民大会，在大会中会选出 9 名执政官作为管理者和地方长官。

然而，贵族的力量依旧强大，他们操控着执政官的选举，彼此争夺政治权力。

荷马笔下的亚略巴古议事会

"……另有许多公民聚集在城市广场，那里发生了争端，两个人为一起命案争执赔偿，一方向大家诉说，要求偿付全部血金，另一方拒绝一切抵偿。双方求助于公判人裁断。人们意见分歧，各自拥护一方，传令官努力使众人保持安静，长老们围成圣圆坐在石凳上，手执传令官递交的权杖。接着他们起身，依次作决断，广场中央摆着整整两塔兰同的黄金，他们谁的判决最公正，黄金就奖给他。"

（荷马，《伊利亚特》，第18卷）

《德拉古法典》

在雅典，诗人赫西俄德强烈要求制定一部能够保护所有公民权利的成文法典。赫西俄德自己就是一个德拉古欣然采纳了国家惩罚的方式，《德拉古法典》规定死刑适用于几乎所有的罪行，即便是小偷小窃等轻罪。

在法律上遭到不公对待的下层公民。赫西俄德的作品不仅在中产阶级中激起了愤恨，也让穷人心生不满，他们开始意识到集体的力量，像赫西俄德说的那样：他们"从田地里团结起来"，一举粉碎了贵族塞隆在公元前632年发起的政变。

公元前621年，民众压力促使执政官德拉古上任，他制定了一部法典，以期维持社会稳定和公平。德拉古欣然采纳了国家惩罚的方式，"Draconian"（意为严酷的、残忍的）一词就源于他的名字。《德拉古法典》规定，死刑适用于几乎所有的罪行，即便是小偷小窃等轻罪。据说，在被问及惩罚的严苛程度时，德拉古答道，死刑也是对偷窃卷心菜的适当惩罚。

> ……几乎所有的违法行为都适用一种惩罚，那就是死刑。甚至那些被定为懒惰罪的人也要处死；而盗窃蔬菜和水果的罪犯，竟与渎神者和杀人犯所受的处罚相同。后世雄辩家迪马德斯曾说："德拉古的法律不是用墨水，而是用鲜血写成。"这句话引起了轰动，流传至今。据说有人问过德拉古为什么他对大多数罪犯都采用死刑。他回答说，在他看来，轻罪理当处死，至于更大的罪，还找不到比死刑更重

的刑罚。

　　（普鲁塔克，《希腊罗马名人传》，第 5 章）

　　《德拉古法典》规定了对杀人罪的惩罚，在这方面德拉古遵循了既定的习惯法。在他那个时代，杀人犯已经专门由国家进行处罚了。蓄意谋杀的惩罚是死刑，但在听取审判的开场陈述后，罪犯可以逃离雅典，将自己流放到另一个希腊城邦。流放通常适用于另两种杀人罪：过激杀人（出于愤怒或爱）和非自愿杀人。出于自卫杀人的，得到证明后不会受到惩罚。

　　被流放者不能参加公共比赛，不能进入神庙或参

哲学家亚里士多德因被诬告不敬神而被逐出雅典。图中，他和他的追随者正要离开雅典。

与祭祀。只要他们遵守这些规则，国家就会保护流放者免受受害者家属的攻击，而违反者则会受到雅典当局的惩罚。任何公民都可以处死违反规定或非法回到雅典的流放者。谋杀犯会被永久放逐，而其他类型的杀人犯可以回到雅典，完全恢复公民身份，前提是受害者家属承认凶手的债务已经偿清。

由此可见，杀人罪的处罚规定仍部分依赖于受害者家人。但从德拉古时代起，国家开始对杀人和其他严重的罪行提起诉讼。国家参与到杀人案审判之后，人们开始将杀人视为"不洁的"，会污染整个社会，因此罪犯必须接受死刑或者流放。非蓄意杀人案的诉讼程序从一项公告开始，该公告禁止被告踏足市场和神庙，以保护民众不受其污染。

德拉古严苛的法典并没有平息雅典民众的动乱，反而激怒了他们。让广大民众痛恨的并非其中的严刑峻法，而是法典对民事债务的规定。根据《德拉古法典》，无力偿债的借债者会沦为奴隶，直接为债权人劳作或者卖给其他城邦。许多借债者为摆脱奴役选择自愿流放。

在《德拉古法典》颁布后的几年里，雅典经济严重衰退，许多人成为债务奴隶。农民被夺去土地，农业生产岌岌可危。曾经富足的中产阶级公民深陷债务，即将失去所有财产。而这场混乱的唯一受益者是富有

当统治者可以不受惩戒而为所欲为时，君主制还能是一种恰当的政体吗？即使是世界上最优秀的人获得了这种权力，他也会心生恶念……

——赫西俄德，《历史》

的贵族家庭，他们因没收借债者的土地和财产而变得更加富有。《德拉古法典》使富人与穷人完全对立，在法典实施的 25 年后，雅典内战一触即发。

梭伦改革

公元前 594 年，商人、政治家兼诗人梭伦受命改革雅典的政治、经济和社会结构，并颁布新的法典，以更多地考虑中产阶级和穷人的利益。梭伦改革使雅典坚定地走上了民主社会的道路。

作为一名富有的船主，梭伦出身高贵，为上层阶级所接受，同时也是一名经商的平民，受穷人认可。他并未改变社会，而是使贵族和平民彼此达成妥协，让更多的公民参与到政治中来。梭伦只改革了雅典人能接受的东西；后来，在被问及他是否为雅典人制定了最好的法律时，梭伦回答道："我制定了他们能够接受的最好的法律。"

梭伦废除了债权人合法奴役借债人的规定。那些欠债为奴的人被释放了，被卖到外邦为奴的和逃亡到国外的公民都恢复了自由，回到雅典。所有欠债一笔勾销，被抵掉的财产归还原主。梭伦仅在谋杀和叛国罪上保留了德拉古的规定，废除了所有其他的死刑。

不论是富人还是穷人，都没有从梭伦改革中获

立法者梭伦。公元前 594 年，梭伦改革废除了《德拉古法典》中的严苛刑罚，为中产阶级和穷人制定了更有利的规定，从而避免了德拉古统治下将要爆发的内乱。

得他们想要的一切。梭伦没有按照穷人的要求对所有人进行财富再分配，富人抱怨自己失去了应还的欠款。但梭伦改革在总体上对雅典社会的和平与稳定产生了有利影响，并且允许更多的公民参与到政治活动中来。

梭伦还是一位颇有成就的诗人，在下面这首节选的诗中，他总结了自己作为立法者的功绩：

> 许多雅典人被变卖为奴，有些是公正的，有些不是，我使他们回到这片神建立的土地。而另一些人被迫逃避债务，流浪到世界各地，不再说阿提卡语。更有些人就在此地遭受着可耻的奴役，在严酷的主人面前瑟瑟发抖。我赋予他们所有人自由。我强有力地将暴力和正义联结在一起，我沿着我所承诺过的道路坚定前行。我为卑劣的人和高贵的人都制定了法令，我为每一个人都提供了正义。这就是我所取得的成就。

罗马共和国和罗马帝国的法律

如果说民主是希腊为现代世界所做的最杰出贡献，那么法律可谓是罗马最经久不衰的一项遗产。罗

公元前 450 年，古罗马的第一部法典《十二铜表法》在罗马广场颁布。从前，平民苦于贵族法官对法律随心所欲的解释，这部法典的制定就是平民呼吁的直接产物。

马时代始于《十二铜表法》，终结于约 1000 年后的《查士丁尼法典》。在查士丁尼编纂法典时，他声称自己将 100 万字的法规浓缩成了 5000 字。他将 1000 多年来不断演变的罗马法巧妙地汇编成一部法典，这部法典就如同一粒时间胶囊，作为罗马宝贵的遗产流传下去，直至罗马帝国覆灭也未曾消亡，最终融入欧洲的法律法规，尽管他自己无从得知这些。

在公元前 1000 年左右的青铜时代末期，一群农民在台伯河最低洼的渡口处建立起家园，这就是罗马人最初的定居点。这里开始逐渐发展为城镇，由三个部落掌控，每个部落又包含各氏族和家庭。当时的社会和政治生活主要实行荫庇制（clientela），在这一制度下，富裕家庭对贫穷家庭负责，并要求他们以忠诚作为回报。

在早期罗马社会生活中，氏族和家庭占主导的概念也延伸到了法律领域。起初，近亲谋杀，即杀死一个自由人，被认为是民事案件而非刑事案件，杀人犯由受害者家人惩罚。其他针对个人的犯罪，如盗窃和人身伤害，也属于民事案件，而不属于刑事法庭管辖。而宗教罪被认为是对神圣秩序的违反，所以由国家惩罚。比如，违背誓言的修女会被处以死刑。

那时的人们认为，违法者接受惩罚是一种必要的宗教赎罪，可以恢复神圣秩序。在早期的罗马社会，宗教赎罪和个人报复仍是惩罚的主要动机。

罗马共和国

罗马曾由几位伊特鲁里亚国王统治，他们设立了议会，从大约 1000 个最富有的贵族家庭中选出 300 位成员。大约在公元前 510 年，罗马贵族在平民的帮助下，罢黜了最后一位国王塔克文·苏佩布（高傲者塔克文），开始建立罗马共和国。

共和国刚建立不久，平民就开始挑战贵族的权力，

无论我们从罗马人自身的优点还是他们对世界历史的影响程度来看，罗马人最大的成就无疑是他们的法律……罗马帝国的人口也许只有 5000 万，而当今有 8.7 亿人生活在源自罗马法的法律制度之下。

——R.H. 巴洛，
《罗马人》

公元前485年在罗马，卡西乌斯被判政治罪，人们将他从罗马的塔尔皮亚岩石上抛下。这种处罚适用于那些犯下叛国罪或其他危害国家罪行的人。

并逐渐赢得权利和代表席位。到公元前4世纪时，负责管理平民会议的平民行政官——保民官（tribune）诞生了。尽管罗马在民主制度上取得了一定进步，但荫庇制仍然使权力掌握在贵族手中。

平民要求在法律面前人人平等，并且免受贵族行政官的恣意妄行，于是在公元前450年左右，罗马通过了第一部法典《十二铜表法》。

随着平民的需求日益增长，公元前455年，十人委员会（Decemviri）诞生了。该委员会旨在制定对贵族和平民都具有约束力的法规，并确保行政官执政的公正性。

五年后，十人委员会颁布了法律十表，其中一些条文是最新制定的，但大多数是按照旧有的习惯法制定的。而平民对此并不满意，于是第二个十人委员会成立了，在此前十表的基础上又补充二表。

《十二铜表法》

《十二铜表法》的颁布标志着平民获得了政治和法律权利。公元前 390 年，高卢人洗劫罗马，摧毁了铜表原件，但大部分条文在幸存的文献中保存了下来。尽管其中一些法规已经过时，并被后来的法律和法典取代，但《十二铜表法》不仅没被废除，还被之后罗马共和国和罗马帝国的立法者视为罗马法的基础。

《十二铜表法》并非一部完整的法典，它旨在保护普通公民的权利。虽然《十二铜表法》包含刑法，但主要涉及的是家庭、结婚和离婚、财产、债务，以及法律程序。和许多古代的法典一样，《十二铜表法》的书写风格简明朴实，每条法规都遵循一套固定的句式——禁令、条件句和祈使句：

如供役地人未将道路保持在可供通行的状

即使会引起所有人的不满，但我仍想说出我的想法：在我看来，如果有谁想寻找法律的源泉和要义，一部《十二铜表法》以其巨大的权威性和丰富的有益性超过了所有哲学家的著作。

——西塞罗，《论演说家》

态时，有通行权者可以把运货车驶向他认为合适
的地方。

（第七表，7）

较之现代法典，《十二铜表法》的语言更简洁，
但有时也会导致语义不清：

> 如果他（原告）传他（被告）出庭，他（被告）
> 拒绝，他（原告）可邀请（第三者）作证，扭押
> 同行。

（第一表，1）

《十二铜表法》代表了从私人报复到国家惩罚的
过渡阶段。国家惩罚通常适用于违反宗教和威胁社会
安全的罪行，其中不仅包括叛国罪，还包括对社会产
生有害影响以及使用巫术。该法典规定，诅咒他人或
利用驱魔术使他人庄稼不育都会被判死刑。

包括谋杀在内的人身攻击仍属于私犯，法律的存
在只是为了确保受害者能够得到赔偿。赔偿可以是金
钱补偿，而在双方无法达成共识的情况下，也可以是
同态复仇，这种私人复仇受到国家的认可。

> 毁伤他人肢体而不能和解的，他人亦得依

同态复仇而"毁伤其形体"。

　　折断自由人的骨头的，处 300 阿斯的罚金；如被害人为奴隶，处 150 阿斯的罚金。

　　　　　　　　　　　　　　（第八表，2-3）

　　私人报复一直延续下来，尤其体现在关于抢劫的法规中。如果盗贼在晚上被当场抓获，或是在白天持械和拒捕，受害者都可以合法地杀死他。唯一一个附带条件是受害者必须告知自己的邻居，让邻居作证。又或者，受害者可以将盗贼带到法官面前，如果盗贼被判有罪，那么受害者就有权杀死他，或将他留作奴隶、变卖为奴，或是向他索要赎金。如果盗贼没有被当场抓获，受害者就无权进行私人报复。

　　《十二铜表法》将许多罪行定为死刑罪，包括夜间在城市行窃和叛国行为。

　　和巴比伦法典一样，《十二铜表法》规定纵火犯会受到火刑惩罚：

　　烧毁房屋或堆放在房屋附近的谷物堆的，如属故意，则捆绑而鞭打之，然后将其烧死；如为过失，则责令赔偿损失，如无力赔偿，则从轻处罚。

　　　　　　　　　　　　　　（第八表，10）

根据《十二铜表法》，欠债者将被变卖为奴，且必须卖到外邦，这意味着罗马公民不能在罗马做奴隶。对于不偿还债务者，将处以较轻的短期奴役（nexum），此人仍维持公民身份，并且可以通过偿还债务来结束惩罚。

> 对于债务人自己承认或已经判决的债务，有三十日的法定宽限期。

> 期满，债务人不还债的，债权人得拘捕之，押其到长官前，申请执行。

> 此时如债务人仍不清偿，又无人为其担保，债权人应将债务人押至家中拘留，系以皮带或脚镣，但重量最多为十五磅，愿减轻者听便。

> 债务人在拘禁期间，需自备伙食。如无力自备，债权人应每日供给食物一磅，愿多给者听便。

> （第三表，1—4）

《十二铜表法》制定的审判程序在罗马共和国和罗马帝国沿用多年，其中确立的法律权利已被纳入当今世界各国的法律体系。

比如，该法典第一条规定，证人若接到传唤，就必须参加审判。还有法规要求法官坚守正直和公正，并规定接受贿赂的法官将被判处死刑。法典还明确规定，在定罪前需要取得证据：

> 任何人非经审判，不得处死刑。
>
> （第九表，6）

法典还规定，在民众同意的情况下可以修改法律，确立了法律为人民服务的原则：

> 前后制定的法律有冲突时，应当遵循后法，取消前法。
>
> （第十二表，5）

虽然这些规定沿用至今，但《十二铜表法》中的一些法规在当时就很快过时了。首次草拟法典时，罗马还是一个小型的半农村式定居点。随着罗马的发展壮大，犯罪率也增加了。显然，《十二铜表法》的刑法规定存在欠缺。而且，对于一个如此庞大和复杂的社会来说，仅仅依赖私仇是行不通的。渐渐地，国家开始成立实施惩罚的组织。

公元前 3 世纪，罗马创立了一支警卫队，该队伍拥有司法权，可以严惩包括罪犯、小偷、纵火犯和投毒者在内的危险不法之徒。这些罪行大多被处以死刑。

仅是藏有毒药、携带武器图谋不轨也会被处死。

公元前 2 世纪，常设的法院体系开始形成，而在此之前，罗马一直由专门召集的委员会来审判重罪。公元前 122 年，盖约·格拉古颁布《森布罗尼法》，为审判重罪设立了常设法庭，并禁止元老院成员担任常设法庭的法官。该法规使法院制度民主化，引入了陪审团审判制度，此项制度成为后来罗马共和国和罗马帝国时期刑事司法的基石。但这并不能保证陪审团的审判就会更加公平。在涉及危害国家罪行的案件中，为了确保能够

对引起麻烦的政治对手做出有罪判决，陪审团通常挤满了人。

　　在共和国晚期，尤其是帝国时期，早期的共和国法律得到扩充，并且普遍采取更加严厉的惩罚方式。从前被视为私犯的罪行开始成为公共刑事案件。在帝国的第一位皇帝奥古斯都统治期间（前63—14年），新增的刑事罪行包括与地位尊贵的女性通奸、组织

公元64年在罗马，尼禄下令将使徒彼得倒钉在十字架上。尼禄还把罗马城失火归咎于基督徒，处死了数百名基督徒。

在癫狂的尼禄和嗜血的图密善的统治下，皇帝凌驾于法律之上，暴虐横行。

犯罪团伙、无故殴打或杀害公民。

奥古斯都的另一重要创制是建立起了一支强有力的警力军。他任命一位元老院成员担任市政官，并为其配备了一支训练有素的警力军，旨在有效打击城市犯罪和盗窃行为。治安法庭得到重组，由市政官管理。这类法庭在审理案件和惩罚罪犯时非常高效，以至于开始取代陪审团审判。

奥古斯都是一位睿智且公正的统治者，但其之后的众多继任者却并非如此。在癫狂的尼禄和嗜血的图密善的统治下，皇帝凌驾于法律之上，暴虐横行。但在罗马帝国长期稳定和公正的统治下，那些接受罗马法管制的人也得益于法律提供的保护。罗马法是现代法律概念的起源，其中包括天赋人权和权利平等等理念，尽管在罗马，这些观念通常在被违背时得到更多尊重，而非在遵守时。

罗马刑罚

罗马共和国和罗马帝国的主要刑罚方式有处决、流放、肉刑、监禁和罚金。

极刑很少适用于罗马公民，至少是很少用于身居高位者。而对于奴隶、外邦人，甚至是低等公民来说，死罪数不胜数。比如，纵火者通常会被流放，但如果是在城市抢劫纵火，则会被判处死刑。

处决的方法有火刑、钉十字架、吊刑（吊挂在叉架上直至死去）和被扔给动物。火刑适用于奴隶和下层自由民，主要用于惩罚谋害主人的奴隶，有时也惩罚亵渎神明者、逃兵和巫师。在公元 64 年的罗马大火后，尼禄把起火归咎于基督徒，将许多基督徒处以死刑。韦帕芗在昔兰尼（今利比亚境内）镇压犹太人叛乱时，狠狠折磨了起义领导人乔纳森，然后将他活活烧死。

钉十字架是对奴隶和下等外邦人的标准处决方式。法律没有禁止将公民钉在十字架上，但极少有公民被处以十字架刑，一旦发生，就足以引发人们的议论。当贝提卡总督加尔巴将一位罗马公民钉死在十字架上时，当时的历史学家苏埃托尼乌斯称该行为"过于残忍"。据说，受害者在审判期间"恳求法律庇护"并"证明了他的罗马公民身份"。

尼禄不再焚烧基督徒后，开始将他们钉在十字架上。尼禄死后，这种做法延续了下来。据记载，尼禄曾对一群在耶路撒冷被捕的叛乱犹太人施以鞭刑，并将他们钉死在十字架上。后来，十字架刑被君士坦丁禁止，取而代之的是简单高效的吊刑，即用绳索套住犯人的脖子，将其吊在叉架上，直至死去。

被扔给动物是对奴隶、外邦人和犯有重罪（包括

罗马帝国的公共行刑吸引了大批观众。死于野兽之口是早期基督徒的命运，同时适用于犹太人，以及皇帝的敌人。

被扔给动物是对奴隶、外邦人和犯有重罪（包括亵神罪）的自由人的惩罚。

亵神罪）的自由人的惩罚。它被认为是一种"较轻程度"的死刑，有时也适用于公民。克劳狄就曾将许多公民扔给野兽。

肉刑是对奴隶和外邦人的惩罚。罪犯的脸上常常会被打上烙印。直到公元 315 年，君士坦丁才禁止这种做法。

虽然当时规定不得对上层公民使用酷刑，但这种情况也时有发生。犯有叛国罪的人，无论地位如何，都要遭受酷刑。当然，任何惹恼皇帝的人也是如此。

克劳狄继任时曾宣誓不使用酷刑，但在统治的第二年，在镇压卡米路斯·斯克里波尼亚努斯发起的叛乱之后，他对所有的叛乱者施以酷刑，其中包括高等外邦人和罗马公民。在提比略最残暴的时候，他曾对自由人和公民任意动用酷刑。据苏埃托尼乌斯所述，盖乌斯还曾以展示正在遭受折磨的谋反者来招待他的晚宴客人。

在审判时，酷刑也被用来对付奴隶。实际上，只有在法庭上经受酷刑后，奴隶的证词才会被认为是合法的。严刑拷打的做法一直延续到中世纪欧洲的教会法庭。

在罗马共和国的大部分时间里，上层公民会选择流放这一自愿、方便且体面的方式来逃避死刑。但到了共和国末期时，流放成了一种法定刑罚。被放逐的人通常会被剥夺公民身份和没收财产，除了在某些情况下会处以程度较轻的流刑。更高地位的公民可以被处以自由监管（libera custodia），指的是犯人会被限制在某个意大利城镇，但保留完整的公民权利。乌尔比安在《论执政官职责》中描述了可能的处罚：

> 关于被告的拘留问题，总督通常会决定此人是否应当入狱，还是移交给士兵，或者交给担保人，甚至是自己。他通常根据指控的罪行、被告的身份、财富、清白和尊严来做出这个决定。

较轻的罪行会被处以罚款。《十二铜表法》规定了侵犯人身罪和诽谤罪应缴纳的罚款：

> 毁伤他人肢体而不能和解的，他人亦得依同态复仇而"毁伤其形体"。
> 折断自由人的骨头的，处 300 阿斯的罚金；如被害人为奴隶，处 150 阿斯的罚金。
> 对人施行其他侮辱行为的，处 25 阿斯的罚金。
>
> （第八表，2-4）

查士丁尼的《学说汇纂》

　　法律是善行和公正……司法是持续不断地给予每个人应得的权利。

（查士丁尼，《学说汇纂》）

公元324年，君士坦丁将基督教定为国教，于公元330年迁都拜占庭，并改名君士坦丁堡。之后，帝国一分为二，一边是以罗马为首都的西罗马帝国，一边是以君士坦丁堡为首都的东罗马帝国。东罗马帝国繁荣兴旺，一直延续到1453年。但是在野蛮人的不断入侵下，西罗马的末代皇帝罗慕路斯·奥古斯都在476年被罢黜，西罗马帝国随之覆灭。

随着西罗马帝国走向灭亡，拜占庭皇帝查士丁尼（483—565年）即位。查士丁尼以两项伟大成就而闻名：兴建圣索菲亚大教堂和于529年颁布《民法大全》，也叫《查士丁尼法典》。

查士丁尼编纂的法典还包括《学说汇纂》，是对1000年来罗马帝国法律清晰简明的提炼，为欧洲大部分地区的法律提供了直接范本。罗马法是在神圣罗马帝国的土地上建立起来的，而后一直在德国实行，直至19世纪末。到1900年时，罗马法才与德国当地法规产生冲突。《查士丁尼法典》还为法国《拿破仑法典》提供了范本。罗马法典的清晰性和逻辑性对19世纪的法典编纂运动也产生了重大影响，促使德国、瑞士和奥地利形成了自己的民法典。

《查士丁尼法典》的许多法规已成为现代法律的基本原则，如"举证责任在于当事人的肯定，而非当事人的否认"，以及"父亲不能为儿子作证，儿子也不能为父亲作证"等。

第四章

印度和中国

印度和中国的法律传统都是独立发展起来的，不像欧洲和中东地区的法律源自美索不达米亚地区。主要文献有印度于公元 1 世纪或 2 世纪编成的《摩奴法论》，以及古代中国于 7 世纪编成的《唐律疏议》。《摩奴法论》是统治阶层的婆罗门种姓对社会的理想勾勒，未能在全印度推行。而《唐律疏议》在庞大的帝国得以实施，并且为之后 1000 年的法律奠定了基础。几乎所有法典都是由警力、地方法官和告密者组成的网络所执行，而在中国的唐代，法律由庞大的官僚体系执行。

对页图：大约在 1900 年的中国，图中的两个强盗被处以枷刑。这是一种套在犯人脖子上的枷板，和欧洲的颈手枷、足枷一样，这种枷板令犯人感到不适。而真正的惩罚是当众羞辱和来自围观者的人身伤害。

印度

印度历史与印度教史密不可分。早在印度教第一部神圣的启示经文《吠陀经》诞生（前 1500—前 500 年）之前，印度教就已存在。《吠陀经》

1820 年的印度送葬队伍，摘自《婆罗门的生活》一书。人们抬着担架上的婆罗门尸体，并有一众吊唁者伴随。自《摩奴法论》时代以来，婆罗门一直维持着他们在印度社会的影响力和权力。

的作者——雅利安人——被认为起源于波斯，在公元前 2000 年左右入侵印度，定居在旁遮普和信德地区。尽管近年来的一些学者认为，雅利安人实际上是印度土著，在之后的几个世纪里，他们为印度的社会和宗教奠定了基础，其中许多方面一直延续至今。雅利安人为印度带来了族群隔离制

度，他们将社会分为四个等级，每个等级都有自己的规定和地位，等级之间的流动十分困难。随着印度教的发展和传播，这种阶级隔离制度演变为严格的种姓制度，至今仍影响着现代印度社会。

在吠陀时代，这种隔离制度被称为肤色（varna），后被叫作出身（jati）。16世纪时，前往印度的葡萄牙旅行者用葡萄牙语中的"casta"（氏族或家庭）来命名这一种姓制度。

四个主要的种姓是刹帝利、婆罗门、吠舍和首陀罗。等级最高的是刹帝利[1]，根据一首吠陀诗歌描述，他们是神的双臂。这一等级包括了国王、贵族和士兵。第二等级的种姓由婆罗门，也就是僧侣构成，据说婆罗门是从神的口中诞生的。婆罗门的权力和影响力与日俱增，于公元前600—前200年在印度社会占据主导地位，这段时期也被称为婆罗门时代。在婆罗门和刹帝利之下的是吠舍，他们被认为是神的大腿，包括商人、农民、小贩和其他自由人。最低等的种姓是首陀罗和奴隶，据说他们是在神的脚下出生的。首陀罗被其他种姓称为"贱民"，几乎不被当作人看待。

---

1 一般认为，婆罗门高于刹帝利，但两大种姓之间一直存在着或隐或显的权力斗争，也有少部分文献出现过刹帝利优于婆罗门的说法。此处为原书作者的观点。

种姓制度旨在维护雅利安贵族和婆罗门种姓的纯洁性。他们非常害怕血统被玷污，以至于列出了40多种"肮脏"的人。这些底层中最低等级的叫作旃陀罗，源自泰米尔语"paraiyan"，意为最低种姓。旃陀罗的住处与其他种姓隔绝开来，在离开他们的住处时，旃陀罗必须敲击木板，以警告人们他们的靠近。人们认为旃陀罗的触碰、呼吸，甚至视线都是肮脏的，都会污染其他的种姓。

在这样一个等级森严的社会中，被告人在法律面前的待遇不可避免地与他的出身紧密相连。

"Dharma"在英语中被译为"法"，但在印度人的观念里，这个词更像是一种神圣的道德准则，帮助人们决定人生的正确道路。每个人都有自己的"法"，并且与他的能力、生活角色，尤其是种姓相适配。对于罪犯来说，惩罚是一种必要的宗教赎罪方式。如果罪犯逍遥法外，其业力就会遭到损害，无法顺利转世投胎。

对统治阶层的婆罗门来说，这种思想为其动用刑罚来行使国家权力提供了神圣的理由：

> 刑杖保护一切生物；当所有人都睡着的时候，刑杖则醒着。刑杖就是法。
>
> （《摩奴法论》，第七章，18）

因犯罪受到国王惩处的人，可以免去一切罪污，和行善积德的人一样无罪垢地上天堂。

——《摩奴法论》，第八章，318

刑罚的等级

每个种姓都有自己相对应的刑罚等级。对低等种姓来说，他们受到的惩罚更加严苛。而婆罗门只用缴纳罚款，甚至可以逃脱惩罚。婆罗门不会被处死，流放是对他们最严厉的惩罚，即使犯了谋杀罪也是如此。然而，对于首陀罗来说，即使犯了最轻微的罪行也会遭受严厉的惩罚。

自在之子摩奴在三个低等种姓身上规定了受刑的十个部位；婆罗门则应不受刑离开（国家）。

生殖器，腹部，舌头，两手，第五是两足；眼睛，鼻子，两耳，财产和全身。

（《摩奴法论》，第八章）

谋杀婆罗门是死罪，低等种姓若是攻击或诽谤婆罗门，将受到同等甚至更加残酷的惩罚：

出身低贱者用以伤害出身高贵者的肢体应当被斩断；这是摩奴的教导。

如果他因狂妄而向出身高贵者唾唾沫，

国王应割掉其双唇；如果撒尿，应割掉其阴茎；如果放屁，应割掉其肛门。

（《摩奴法论》，第八章）

首陀罗若是诽谤高等种姓，将同样受到严厉惩罚：

一生人（首陀罗）若用下流话侮辱再生人，则应割断其舌；因为他的出身最低贱。

如果他在称呼他们的名字和种姓时出言不逊，他的嘴里就应被刺进烧红的十指铁钉。

（《摩奴法论》，第八章）

《摩奴法论》

《摩奴法论》是古印度法律和习俗的梵文汇编。相传其作者是摩奴，他是神话中洪水的幸存者，人类的始祖，神圣宗教仪式和法律的传授者。法论的前言部分讲述了十位伟大的先贤是如何找到摩奴，请求他传授关于种姓的神圣法律。最终，摩奴口授给了圣人这幅图描绘的是毗湿奴神，他是宇宙的守护者，也是印度教三相神之一。该图来自印度教最早的圣典《梨俱吠陀》的某个版本。《梨俱吠陀》大约编纂于公元前1500年，作者是来自波斯的雅利安人。他们通过推广种姓制度，为印度奠定了社会和宗教基础，种姓制度的影响延续至今。

布利古（Bhrigu）。

人们一般认为这部法典大约编成于公元1世纪或2世纪，尽管其中的大部分内容已经通过口头传播了几个世纪。大多数学者认为，《摩奴法论》的部分内容是对《摩奴法经》的改写，该法经大约成书于公元前500年，现已失传。

法经是宗教导师为学生编写的教导手册，为生活的方方面面阐述了正确的规则、习俗和仪式。比如，《家庭礼仪经》主要讲述家庭仪式，《达摩经》主要讲述神圣的习俗和法律。人们时常会对一些广受欢迎的法经进行编纂，改写为诗句，或者直接添加到法论中，《摩奴法论》就是这一过程的产物。

《摩奴法论》是一部完全从婆罗门角度编写的宗教、公民和道德指导手册，主要罗列了婆罗门的权利和责任，其中，仅有约三分之一的内容直接提及罪行和刑罚。然而，在一种情况下，婆罗门会受到更加严厉的惩罚，那就是抢劫。抢劫被视作一种可耻行为，与婆罗门的高贵出身不相符，甚至会颠倒正常的社会秩序，所以法律对婆罗门抢劫的惩罚要比其他种姓更加严格。被判抢劫罪的婆罗门须缴纳价值是赃物64倍的罚款，刹帝利是32倍，吠舍是16倍，首陀罗则是8倍。

证据和审判

对印度人来说，由于惩罚事关灵魂的来世轮回，因此妥善执行正义是至关重要的。法庭收集和整理证据，然后传唤证人作证。证人有义务在宣誓后说出真相，否则，证人会因作伪证而受到严厉的处罚。凶杀案的证人必须在法庭上作证。

在没有证人的情况下，则会用神明裁判（以各种方式考验当事人）来判定罪犯是否有罪。《摩奴法论》中就列举了各种令人印象深刻的方法。类似于中世纪

他应当先弄清罪犯真实的动机，以及犯罪的地点和时间，然后对该受刑罚的人用刑罚。

——《摩奴法论》，第八章，126

欧洲的沸水考验，印度人会将一锅混合了油的牛粪加热至沸点，再让被告把手臂埋入其中。如果手没有被烫伤，则证明被告是无辜的。还有的是让被告蒙上双眼从装有毒蛇的篮子中取出一枚戒指，或者在火中行走，或是握着滚烫的铁球……

还有更加随机的考验方法。合法（dharma）和非法（adharma）的标志分别画在涂成白色和黑色的叶子上，然后将叶子卷成球，浸入泥中，放在罐子里。被告必须从中挑选一个球。如果选中了前者，那被告就是清白的；如果选中了后者，法庭将宣判其有罪。

法庭还有警力的支持，大多数村庄都有警官驻扎。警官不仅负责维持秩序，还负责调查犯罪案件和搜集证据，以便对罪犯进行审判。除此之外，还设有专门的情报体系，主要是针对官员腐败、民众叛乱和一些轻罪。这一体系中的政府密探或伪装成学者、僧人、苦行者等身份潜伏在村庄里，或从侏儒、哑巴、驼背和变性人等印度教徒通常会回避的人群中挑选出来。他们获得政府的完全授权，扮演着密探的角色，例如，他们会贿赂法官，诱使法官在审判中做出偏袒某方的裁决。诱捕贪官被认为是根除、惩治滥用职权者的一种合法且正义的方式。

《摩奴法论》的适用

《摩奴法论》在很大程度上代表了婆罗门对法律的理想图景。但在实际中，并非所有法规都能贯彻始终。印度幅员辽阔，法律难以得到统一实施，各地的君主和贵族可以随心所欲地执法。法官也常常从轻发落，因为他们知道自己有责任避免惩罚无辜者，所以宁可宽大处理。具体的犯罪情节，罪犯的社会地位、精神状态、年龄和健康状况都是减刑的考量因素。

许多严酷的肉刑只对惯犯实施，并且前提是法官认为从轻处罚并不奏效。《摩奴法论》对初犯者处以警告，对第三次犯罪者处以巨额罚金，对不可救药的累犯处以截肢刑。

> 他应该首先用申斥惩罚，然后用责骂惩罚，再用罚款惩罚，最后用肉刑惩罚。
>
> （《摩奴法论》，第八章，129）

中国唐代

至少从北京人时期（距今约 50 万年）开始，中国华北地区就有人类定居了。虽然考古无法证明北京人就是现代中国人的直系祖先，但来自华北的汉族人似乎一直生活在这片土地上。到公元前 1 万年时，新石器时代的聚落已经遍布中国各地。到公元前 1500 年左右，商朝时期，文字、青铜制造和国家官僚机构已经出现。

多年来，在三面天然屏障和长城的庇护下，中国在相对封闭的环境中发展起来。长城始建于公元前 3 世纪，旨在抵御北方的入侵者，并在后来的几个世纪里不断地扩建。这些天然和人为的屏障表明，中国的法律体系完全是独立发展起来的，并未受到中东和欧洲法典的影响，而它们均起源于美索不达米亚法系。

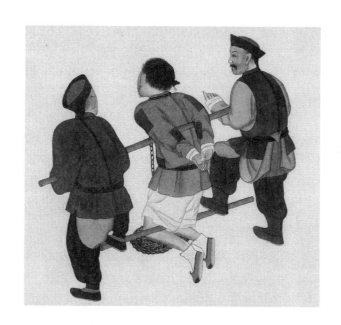

这幅 1900 年的版画展示了一名正在遭受酷刑的男子，他跪在锯齿状的线圈上，被两根棍棒挤压着。

中国历史上的第一部比较系统的成文法典叫作《法经》，于公元前 4 世纪制定，基于以往的法典编纂而成。根据后来的文献记载，《法经》中提到了盗窃、抢劫、逮捕、监禁和司法规则，并列举了五种合法肉刑：在额头或面部施以黥刑、断鼻、截去一只或两只脚、阉割和死刑。

《法经》为秦朝（前 221—前 206 年）的法典提供了蓝本。秦朝统治者遵循法家思想，认为法律体系之下的国家权力是统一国家的主要办法。胸怀一统中华大地的壮志，他们制定法律，对众多罪行和酷刑进行了详细分类。最终秦朝完成统一大业，但也付出了巨大代价。仅靠武力是无法维持帝国统一的，秦朝很快在公元前 206 年灭亡了，统治仅 15 年。尽管秦朝的统治时间非常短，但秦律为后代法典开了先河。此后，中国历代的每部法典都是对前代法典的修订，将以往的法律和哲学思想与当时的思想和实践融合起来。

中国法律史上的下一个标杆出现在 800 多年后的唐朝鼎盛期。

《唐律疏议》

在唐代（ 618—907 年），中国是同时期世界上

在古代中国，越轨的女人所受惩罚比男人轻；在连坐时，女人所受鞭笞更少，且以流放或奴役代替死刑。孕妇还能得到特殊豁免，她们不得被殴打或折磨，直到分娩 100 天后才能执行死刑。

疆域最辽阔、最富有和人口最多的帝国，领土延伸至伊朗以及朝鲜半岛的大部分地区。唐朝都城长安（今西安）寓意"长治久安"，是东亚地区最大的城市，拥有 200 多万居民，吸引无数外国人来此寻求致富之路。

在这个充满活力的国际化都城中，艺术蓬勃发展。李白的诗词、精美的绘画和瓷器都来自该时期。公元 868 年，《金刚经》由佛教僧侣印刷而成，是世界上最早有记载的印刷书。据记载，印刷术在唐朝建立前 100 多年就已存在，印刷活动主要集中在四川一带。

唐朝的另一项重要影响是建立了一套稳固且高效的行政体系，其中的一些机构在整个帝国时期得到沿用，甚至延续至今。唐朝庞大的官僚和司法体系是通过公开的科举考试录取官员的，这种做法在汉代就有，但在唐代得到大力推广。在科举制度下，所有中国公民，即使出身卑微的人，都有机会在考试中展现自己的才能，获得官位。

《唐律疏议》是现存最早的、最完整的中国法典。许多古代法典都声称法源于神赐，而《唐律疏议》却宣称法律由人制定，是出于必要创造的。该法典频繁地将儒家思想作为道德依据，缓和了法家追求法制的强硬思想。孔子（前 551—前 479 年）曾提出，各安

对页图：孔子曾提出，各安其位，各司其职，社会才能稳定有序。《唐律疏议》用儒家思想为帝制辩护，尽管孔子认为，良好的社会风气应当使法律无所用之。

丈夫殴打妻子并不算犯罪，但殴打丈夫的妻子则会被判处一年监禁。

其位，各司其职，社会才能稳定有序。

《唐律疏议》也记载了当时中国的等级制度。根据罪犯的社会地位，对同一罪行的惩罚各不相同。奴隶打断平民的肢体或挖出平民的眼睛会被处决，而主人无故杀死奴隶只需接受不超过一年的劳役。贵族、皇亲国戚和其他特权群体则免于大多数的刑罚。

对于其他人，法律依据罪犯和受害者的地位，制定了一个精细划分的刑罚等级。如果上级官员殴打比他低两级的下级官员，他的惩罚会减轻两级。反之，如果下级官员殴打比他高两级的上级官员，他的惩罚会加重两级。每一种罪行都对应恰当的惩罚，犯罪被认为是对社会平衡的破坏，而惩罚则是恢复平衡的一种手段。

《唐律疏议》分为两部分：第一部分阐述刑罚制度和基本原则，第二部分则列举了所有罪行，并为每项罪行制定了相应的惩罚。大多数法规还附有注释，用于解释罪行和对应的惩罚。该法典总计502条法规，尽可能地列出了每一种有可能的罪行和惩罚，并设想了每一种可能的情形。这种缜密的法规能够确保官员果断执法，并在全国执行统一的刑罚。刑罚的类型和程度各异，不仅取决于犯罪的性质，还取决于罪犯与受害者之间的关系。

该法典的第一条法规列出了五种刑罚，并声称是

古代先贤制定的，反映了五行元素。前三种刑罚各自
细分为五个等级，后两种刑罚共分为五个等级：

    1. 笞刑：10、20、30、40 或 50 下。

    2. 杖刑：60、70、80、90 或 100 下。

    3. 徒刑：1 年、1.5 年、2 年、2.5 年或 3 年。

    4. 流刑：2000 里（1 里 = 500 米）、2500
里或 3000 里远。

    5. 死刑：绞死或斩首。

十恶

    《唐律疏议》试图规定每一种可能的罪行和惩罚，
一些被认为是罪大恶极的罪行被称为"十恶"：

    一曰谋反。

    二曰谋大逆。

    三曰谋叛。

    四曰恶逆。

    五曰不道。

    六曰大不敬。

    七曰不孝。

    八曰不睦。

九曰不义。

十曰内乱。

大体来说，这些罪行既包括对皇帝和国家安全的威胁，也有下级对上级的忤逆，还有危害家族和使用邪术。在涉及"十恶"的案件中，某些特权群体（皇亲国戚、贵族、德才超众者和德高望重者）不再得到特殊豁免。案件必须严格按照法律条文进行起诉。前三项罪行（谋反、谋大逆和谋叛）最严重，直接关系到皇帝和国家的安危。

> 然王者居宸极之至尊，奉上天之宝命，同二仪之覆载，作兆庶之父母。为子为臣，惟忠惟孝。乃敢包藏凶慝，将起逆心，规反天常，悖逆人理。
>
> （《唐律疏议》，第6条）

在第一项罪行中，仅策划谋反就足以被定罪。但对于第二、第三项罪行，被告必须犯下切实的罪行。这三种罪行的惩罚都是斩首，一经定罪，立即执行，主犯和从犯皆是如此。

如果罪犯犯下前两恶，不仅他自己会被处决，他的家族也会受到株连：

谋反、大逆，罪极诛夷，污其室宅，除恶务本。

（《唐律疏议》，第 32 条）

在"谋反"案中，连坐意味着犯人的父亲和儿子也会被处死。其未满 15 岁的儿子，祖父、曾祖父、高祖父、孙子、曾孙、玄孙、兄弟、其子之妻妾，以及所有奴仆都将被奴役。所有女性亲属或被奴役或被流放。所有家财充公，父系叔侄流放到 3000 里远。

19 世纪的中国，一名犯人跪在地上，等待刽子手砍头。犯人头上的牌子写有他的姓名和罪行。在他身后，另一名罪犯正要被运走，准备接受同样的命运。

连坐还适用于其他罪行，比如杀害三名族人，是犯了"不道"之罪。这种罪行比谋反要轻，主犯和从犯会被处死，他们的妻儿则是流放到 2000 里外。

根据"十恶"规定，任何对家族长辈或上级官员的忤逆都是违反自然秩序，会受到严惩。谋杀自己的父母或祖父母会被处以死刑。殴打自己的父母也会被处以死刑，但殴打子女不算犯罪。

另一条自汉代开始实施的法规规定，如果一个人诬告自己的父母，他将被处死。如果控告是真的，此人也要被判处三年劳役或是受杖刑 100 下。

谋杀上级官吏将被判处终生流刑，而谋杀同级官吏仅是被判处劳役。在政府官僚体系中，如果一个五品官打了等级更高的三品官，他将被重打 60 大板，而殴打同级别的官吏则是 40 大板。如果犯人是九品的低级官员，处罚是一年劳役，如果是无品级的小官员，则处以两年劳役。

按地位处罚

《唐律疏议》是按照罪犯的社会地位实施惩罚的。地位高的罪犯从轻处罚，甚至是免于惩罚。特权群体拥有特殊待遇，可以减刑一级。如果他们犯下死罪，还可向皇帝求情，从轻处罚。特权群体不能被严刑逼供，也不能在没有三位证人作证的情况下被定罪。

人们可以通过偿付罚金或降低品级来避免刑罚，这两种方式本身也是惩罚。如果罪行较轻，罪犯会被停职一年，之后可以恢复职位，但品级会随之降低。如果罪行严重，则永远无法恢复品级。虽然《唐律疏议》对官僚腐败做出了特别严厉的处罚，但实际上，除了"十恶"之外，官员几乎可以免于一切罪行的处罚。

在审判时，受害者的地位也被考虑在内。如果受害者是仆人，罪犯的惩罚会减轻一级；如果受害者是奴隶，罪犯的惩罚会减轻两级。反过来，仆人犯罪，受到的惩罚要加重一级，奴隶犯罪要加重两级。如果奴隶打断了平民的手或腿，或者挖出平民的眼睛，则将被处决。而无故杀害奴隶的主人只需服不超过一年的劳役。

判决还受到其他因素的影响。只有在罪犯供认后，才能对案件进行宣判。于是，审判的目的发生了变化，官员开始迫使被告招供，甚至允许动用酷刑，到后来，严刑逼供已经司空见惯。如果罪犯在被控告前认罪，他通常可以免除惩罚。如果他犯了死罪，甚至还可以免去一死。但该规定不适用于必须起诉的人身伤害罪，也不适用于"十恶"之罪。

女子、幼童、老人，患有精神疾病者和残疾人若犯了重罪，可以获得减刑。7 岁以下的幼童和 90 岁以上的老人可以免于死刑。15 岁以下的儿童、70 岁以上的老人、患有精神疾病者和残疾人可以交纳罚金来抵消罪行，并且可以免于酷刑。除此之外，法典还规定，如果罪犯尚有年迈体弱的双亲需要供养，就会得到一定的减刑。

不应得为

对于未涵盖的罪行，《唐律疏议》的第 450 条"诸不应得为而为之者"就起到了囊括无遗的作用。在当时，判决必须基于法典中的条例，官员不能自行定夺。而第 450 条给了官员自行决定的余地。

然而，政府不希望官吏擅自解读法律，只是想让他们充当《唐律疏议》的执行工具，所以将每条法规都制定得明明白白。因此，即使根据第 450 条，官员的权力也会受到严格的限制，对犯人的惩罚仅限于笞打40 下或杖打 80 下。所有重于殴打的惩罚都必须得到上级批准，如果是死刑，就必须得到皇帝本人的批准。

狄公

狄仁杰（630—700年）是唐代著名的官员，以断案而闻名。人们对狄仁杰的真实经历了解得或许并不多，但几百年来，他一直作为虚构人物活在中国大众的想象之中，就和英国的福尔摩斯一样。

狄仁杰的虚构故事最早起源于18世纪的清朝小说《狄公案》，作者名已佚。在小说中，狄仁杰同时破获三起案件，是一位睿智且公正的官员，但小说情节较为牵强，与当时的大多数侦探小说类似。

1949年，热爱中国文化的高罗佩将《狄公案》翻译成英文，同时还创作了新的狄公探案故事，大获成功。为了与当代侦探小说相适应，高罗佩在书中增添了新的断案手段，尽管狄公本人使用的方法并没有这么多。

第五章

肉刑

肉刑是对罪犯肉体的惩罚，最常见的惩罚方式有鞭笞、残损和截肢。纵观历史，肉刑通常适用于出身低微的罪犯，且常常在公共场合进行。

公开羞辱会使受罚者的痛苦加倍。罪犯被迫在大庭广众之下受刑，承受来自民众的凌辱和暴力行为。因此，在某些情况下，羞辱本身就是一种惩罚。

鞭笞

古罗马人尤其喜欢鞭打他们的奴隶。罗马诗人贺拉斯（前65—8年）曾这样写道："在鞭打奴隶时，行刑者经常累得筋疲力尽，鞭打未结束就已瘫倒在地。"对于罪情轻微者，鞭打使用的是一根扁平的皮带（ferula），对于罪情严重者，使用的是一束硬羊

对页图：这是1907年法国某杂志中的一张插图。上半部分，犯人正在踩踏车上劳作；下半部分，在英国惩戒所中，正在用"九尾鞭"鞭打犯人。

这到底是可怕的惩罚还是公共娱乐？这幅版画来自《新门监狱纪事》一书，描绘了1745年在伦敦的议会庭院中，群众正在围观鞭打犯人。

皮鞭（scutica）。另外还有一种可怕的牛皮鞭，可被用作角斗武器。这种鞭子用长长的牛皮条做成，牛皮上或是打结，或是用骨头碎片、金属球或钩子加重。这种武器是后来著名的"九尾鞭"的雏形，"九尾鞭"在英国海军中十分常见。

罗马人也是公开鞭笞的鼻祖之一。正如耶稣背负十字架走向行刑地，死刑犯在前往行刑地时，也要一路遭受鞭笞。这也可能是英国"鞭打马车尾部"习俗的源头，这种刑罚将罪犯绑在马车后部，在驶往城镇的路上鞭打罪犯。早在1530年亨利八世颁布《打击流浪者法案》（又称"鞭笞法案"）之前，这种做法就已存在。该法案规定，流浪汉要"被带到附近的集镇……浑身赤裸地拴在马车后，一边环绕整个城镇，一边用鞭子鞭打他……直到遍体流血"。

鞭打的次数不是固定的，罪犯在示众的路上会受到尽可能多的鞭打。1736 年，在伦敦东部斯特普尼区的圣邓斯坦教区，一个掘墓人因偷盗尸体卖给私人外科医生而被判处鞭刑。人们对这种行为感到愤怒，甚至有人付钱给行刑者约翰·霍伯，让他慢慢驾驶马车，以使掘墓人遭受更多的鞭笞。

当宗教裁判所来到一座城镇搜寻异教徒时，他们通常会设立 30 天的"宽限期"，在此期间，异教徒可以主动认罪。这些主动招供的人以忏悔作为惩罚，无须遭受酷刑和火刑。尽管忏悔是程度最轻的惩罚，但也让人难以忍受。忏悔者要脱光衣服，在礼拜日带着一根棍子去教堂。在弥撒仪式的特定时刻，神父会停下来，当着众人的面鞭打忏悔者。

惩罚并没有到此结束。在每个月的第一个礼拜日，忏悔者都必须前往他曾与异教徒会面的每一座房子，并在那里接受鞭打。此外，在宗教节日期间，忏悔者要跟随庄严的游行队伍，一边被鞭打，一边走过整个城镇。鞭打一直持续到宗教裁判官宣布释放异教徒。实际上，裁判官通常会在一个城镇停留几个月，然后前往下一个城镇，如果要回来的话，也是多年后的事了。因此，被遗忘的忏悔者会发现，他们将要遭受一辈子的鞭打。

鞭笞适用于一系列罪行。在 18 世纪的英格兰，盗窃价值超过 12 便士的东西就会受到鞭刑。1772 年，一个小偷因偷了一把萝卜而在考文特集市附近遭受鞭笞。女人也会被鞭打，通常是因为通奸和卖淫。1640 年，在苏格兰阿伯丁市，一个名叫玛格丽特·沃拉克的女人因私通罪被鞭打。1653 年，两名贵格会传教士玛丽·费舍尔与伊丽莎白·威廉姆斯被判"卖淫罪"，在剑桥的集市门口被当众鞭打。

到 18 世纪末时，英国人越来越多地使用流放作为刑罚手段，并且刑罚观念也愈加开明，当众鞭打也越来越少。18 世纪 70 年代时，英国法学家杰里米·边沁写道："如今，截肢刑可以说是从英国的刑法中废除了。"但在殖民地，欧洲人就无所顾忌了。在美洲大陆、非洲和亚洲的殖民地，鞭笞、截肢、烙刑和酷刑存续了 100 多年。

在美国南部，奴隶根本不受法律保护。在南卡罗来纳州，法律规定奴隶"不受治安管辖，因此攻击和殴打奴隶并不会影响社会治安"。1846 年，塞缪尔·格里利·豪在参观新奥尔良的一座监狱时，看到一名女奴正在被鞭笞。她被绑在一块木板上，脸朝下，腰部以下赤裸：

> 在她身边，一个高大的黑人大力挥舞着长
> 鞭，精准地落在女奴身上。每鞭笞一下，一道皮
> 就随之剥落下来，有的粘在皮鞭上，有的落在道
> 路上，然后才流出鲜血。
>
> 她身上的肉颤抖着，变得青紫红肿，渗满
> 了血……我努力克制住自己，没有扑向行刑者，
> 抓住他的鞭子。天哪！除了掩面流泪和为人类感
> 到羞愧，我还能做什么呢？

这种惩罚并不罕见，正如塞缪尔·格里利·豪
所说："这是一种公开的、定期进行的惩罚，受到法
律认可和批准。"如果奴隶在体罚中死去，奴隶主也
不会受到任何惩罚。很少有人起诉奴隶主，即使起诉
成功了，最严重的惩罚也只是让奴隶主释放他所有
的奴隶。

1814 年，英国下议院委员会获悉，某个姓哈金
斯的人在牙买加的尼维斯市场将他的"21 个男奴和
女奴绑在马车后，鞭笞了 3000 多下"。其中一位女
奴受到 291 下鞭笞，一位男奴受到 365 下鞭笞。

在 1829 年的另一起案件中，牧师 G.W. 布里奇
斯亲自鞭打他的牙买加厨师，致其血肉模糊，原因仅

仅是这位女奴为准备晚宴杀了一只火鸡，而客人后来并未到场。布里奇斯被传唤到法庭，尽管有人证和女奴受伤的证据，他还是被无罪释放了。

鞭打奴隶已成家常便饭，不仅是为了惩罚奴隶，也是为了展示主人的权威、驯服奴隶。和其他殖民地一样，在牙买加，奴隶会遭到"绞辘吊拉"（源自一种航海术语）的惩罚，即奴隶的手腕和脚踝被吊起来，由绳子和滑轮装置进行拉伸，然后奴隶会被鞭打至屈服为止。

即使在废除奴隶制后，美国黑人也没能摆脱鞭刑的威胁。直到 1851 年，美国北部的波士顿还有一条法规规定，如果黑人被发现夜晚还在街上，他将受到 39 下鞭笞。这样的鞭数可能源自《圣经》中鞭打不超过 40 下的禁令。

对贵格会女教徒的鞭打

宣扬贵格会教义会遭到重罚。1662 年，三名来自新罕布什尔州的贵格会教徒安·科尔曼、玛丽·汤普金斯和爱丽丝·安布罗斯被判鞭刑。她们被绑在马车尾部，途经 11 座城镇，在每个

城镇接受 10 下鞭笞。全程大约 80 英里（约 128
千米），马车需要经过冬季积雪的道路，几天几
夜才能走完所有城镇。

　　一个天寒地冻的日子，这些妇女被剥去上半
身的衣物，一边经过多佛，一边接受鞭打。最
终在夜幕降临时，马车到达汉普顿。第二天早上，
她们又被鞭打着送往索尔兹伯里，在那里接受
第三次鞭笞。此时在索尔兹伯里，沃尔特·贝
尔富特刚刚就任郡督副手，他立刻下令停止刑
罚，解救了这些妇女。约翰·格林里夫·惠蒂
埃的一首长诗《贵格会女教徒是如何被赶出多佛
的》记录了这一案件：

> 科切乔瀑布飞溅的水花，
> 在寒冷的山壁上凝结成冰，
> 在多佛镇，凛冽的拂晓时刻，
> 竟有三个女人被绑在马车后，
> 她们上身赤裸，承受着北风的拷打
> 和治安官的鞭打，
> 每一鞭都伴随着汩汩鲜血，
> 血洒在雪地上，结成了冰。
> 牧师和法官，男孩和女孩，

该图出自1825年版《西印度群岛的现状》一书中"鞭打奴隶的方法"一节。在主人的监视下，众奴隶将另一奴隶按在地上鞭打。

跟随这惨淡的队伍；

路边街坊的门窗敞开，

老头和老太婆张望着，发出惊叹。

边沁的鞭打机器

著名的启蒙思想家、哲学家和法律改革者杰里米·边沁并不反对鞭笞，他更关心的问题是鞭笞的公平性。鞭刑的力度完全取决于鞭打者的力量、体格和性情。一个喝醉酒的瘦小行刑者的20鞭和一个性情刻薄的强壮行刑者的20鞭相比，简直是微不足道。因此，边沁在《惩罚原理》（写于18世纪70年代，于1830年出版）一书中提倡使用旋转鞭笞机器，这种机器能够以完全相同的力度鞭打罪犯：

> 在所有惩罚方式中，鞭打是最常使用的，但法律竟然连工具的质量都没有规定：鞭打的力度完全掌握在鞭打者手中。只要鞭打者愿意，他可以让惩罚变得微不足道，或者异常惨痛……

> 而以下这项发明可以在一定程度上消除不公。设想有这样一台机器，它可以使某种弹性杆运转起来。这种弹性杆由藤条和鲸须制成，其数量和大小由法律决定。罪犯将受到这些杆子的鞭打，鞭打的力度和速度由

> 法官决定。这样就可以避免许多主观的因素。
>
> 从此，惩罚由公职人员执行，他们比普通的行刑者更加公道。在罪犯较多时，可以增设几台机器，同时对所有罪犯进行惩罚，尽管行刑现场会更加骇人，但这样既可以节省执行者的时间，也不会增加罪犯的痛苦。

如今的鞭刑

在一些殖民地，鞭笞比帝国主义存续的时间还要长。1834年新加坡成为英国殖民地时，推行的是英国刑法，其中包含了对鞭刑的规定。鞭刑被用于惩罚乞讨、传播淫秽信息、叛国和暴力抢劫等犯罪行为。在1948年新加坡举行了第一次现代选举之后，其法律仍保留了肉刑，并在1965年增加了一些鞭刑的相应罪行。如今，有30项罪行会受到强制鞭笞的惩罚，包括谋杀未遂、强奸、持械抢劫、贩毒、非法移民和破坏公物。

1994年，18岁的美国人迈克尔·费伊居住在新加坡，他因涉嫌在两辆汽车上喷漆涂鸦而被判处4个月的监禁、2230美元的罚款和6下鞭笞。费伊后来

1937 年的西班牙，在严苛军规的规定下，一名涉嫌叛变的共和党士兵受到鞭笞，随后被枪杀。

1994 年 3 月，迈克尔·费伊（右）在新加坡因故意破坏他人财产罪（向汽车喷漆涂鸦）出庭受审，后来被法院判处监禁、罚款和 6下鞭笞。

坚称自己是无辜的，被捕两天后的供词也是被迫签署的。警察在费伊身上并没有发现喷雾器和其他证据，而是根据另一名犯罪同伙的指控给费伊判了刑。该案件引起全世界媒体的关注，在全球掀起了一场抗议风暴，连时任美国总统克林顿也出面交涉。最后的结果是将 6 鞭减至 4 鞭，但刑期没有减少。1994 年 5 月 5日上午，费伊的母亲和律师前往拘留所探望费伊，告诉他已经获得减刑，但仍要接受鞭笞，受刑的时间未定。探视结束后，费伊被护送回牢房。几分钟后，狱警将包括费伊在内的 10 名囚犯召集在一起，对他们施以鞭刑。

　　轮到费伊进入鞭刑室时，一位医生和三位狱警正在等候。医生测量了费伊的脉搏，以确保他能够接受惩罚，这也是法律所规定的。他被带到一个 A 字形的木架前，脱下短裤，弯下身子。一名狱警将他的脚踝和手腕铐在木架上，在他的臀部上方放了一个枕头，以防止鞭子打偏，伤到脊椎和肾脏。接着，一名狱警用一根 1.2 米长、13 毫米粗的泡过盐水的藤条鞭打费伊赤裸的臀部。狱警将藤条举过头顶，用力抽下，每次鞭打后都要停下来，等待医生发出继续鞭打的指令。整个惩罚过程不超过 1 分钟。

一位新加坡行刑者正在用假人演示正确的鞭打方式。法律规定，行刑者应将一根 1.2 米长的藤条举过头顶，然后全力挥下，击打囚犯赤裸的臀部。

按照新加坡的惩罚标准，费伊的 4 下鞭笞属于程度较轻的惩罚。一周前，一名同样犯了破坏公物罪

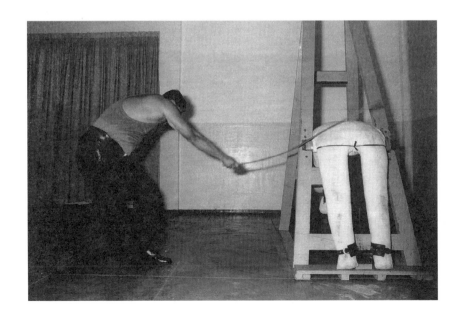

的男孩被判处 12 下鞭笞。新加坡前副检察长弗朗西斯·萧在接受电台采访时谈到费伊案件，表达了大多数新加坡人的看法："你看，布丁好不好，要吃了才知道。……我的意思是，看看如今的新加坡，人们走在街上，不用担心被抢劫、袭击或强奸，而你可以看看现在美国是什么样子。"

伊朗和沙特阿拉伯都相当依赖鞭笞来管教犯错误的公民。一名卧底记者发现，未成年人也会遭到鞭笞。一群少男少女因同处一室而每人被鞭打 80 下，因为他们违反了伊朗的性别隔离法。

沙特阿拉伯的刑罚要比伊朗重得多。2002 年 8 月，一名偷车惯犯被吉达一所法院判处 7 年监禁和 1680 下鞭笞。这 1680 下鞭笞分为 42 次进行，每次间隔 7 天。同月，一名妇女因在麦地那组织卖淫而被判处 15 年监禁，在几年内遭受了 5000 次鞭打。

烙刑和截肢刑

鞭打留下的伤疤可能一辈子都不会消失，但罪犯至少可以将伤疤掩藏起来。而截肢刑和烙刑，却是对犯人的永久性惩罚。这个印记将伴随犯人一生，使其不断遭受暴力和歧视。

烙刑

据记载，首次使用烙刑的是巴比伦人，他们用烙刑来惩罚诽谤已婚妇女和女祭司的人。罗马人会给逃跑的奴隶打上烙印"F"，代表"逃亡者"（fugitivus）。小偷也经常被施以烙刑。烙印通常打在前额。

在中世纪的英格兰，罪犯的脸上和身上会烙有代表所犯罪行的相应字母。"T"代表小偷，"B"代表亵神者，"SL"代表煽动性诽谤者，"P"代表作伪证者，"F"代表争吵者（指在教堂引起骚乱的人）。在苏格兰，人们通常用炽热的钥匙在犯人脸上烙烫。

在那个年代，人们的身份难以辨识。烙印可以帮助人们识别出罪犯，从而警示周围的人。对于罪犯而言，烙印是终生惩罚，让他遭受一辈子的骚扰和暴力，也会让他难以谋生，迫使他再次犯罪。到了14世纪，烙刑逐渐减少，取而代之的是针对重罪的绞刑以及针对轻罪的枷刑和鞭刑。

17世纪时，烙刑仍用于惩罚煽动性诽谤和亵渎神明，但已经很少使用了。在英格兰和美洲殖民地，法律规定贵格会教徒的舌头应被打上烙印，因为舌头是他们用来亵渎神明的器官。1656年，布里斯托尔的贵格会传教士詹姆斯·内勒因煽动个人崇拜被定罪。他被迫戴上颈手枷，接受鞭笞，舌头被烙铁刺穿，从此

在20世纪90年代印度的一起案件中，四名旁遮普妇女被判扒窃罪，警察在她们的脸上文了"小偷"一词，但后来，法院又向这四名妇女支付了赔偿金。这表明，之前的烙刑很可能并非出自官方惩罚。

18 世纪末，在伦敦的新议会上，一名罪犯被施以手部烙刑。

再也无法说话。他的额头被烙上字母"B"，然后被判处监禁和苦役。直到 1829 年，英格兰才废除烙刑。

针对贵格会教徒的法规

1657 年 10 月 14 日，波士顿常设法院发布声明：

……并进一步规定，受法律制裁的男性贵格会教徒如果违反法律，应在第一次犯罪时割去一只耳朵，并在教养院工作，直到他赚取足够的钱后，才可以赎得自由；第二次犯罪时应割去另一只耳朵。每一位女性贵格会教徒如果违反法律，都将受到严厉鞭笞，并在教养院工作，直到她赚取足够的钱，才可以赎得自由；第二次犯罪时的惩罚同上。

如果贵格会教徒第三次违反法律，那么不论男女，其舌头将被热铁烫穿，并被关押在教养院工作，直至赚取足够的钱，才可以赎得自由。

1656 年 12 月 17 日的伦敦，在经受 2 小时的枷刑后，贵格会传教士詹姆斯·内勒一边行经城镇，一边遭受鞭打。之后，他还接受了烙刑，舌头被一根炽热的火棍烫穿。

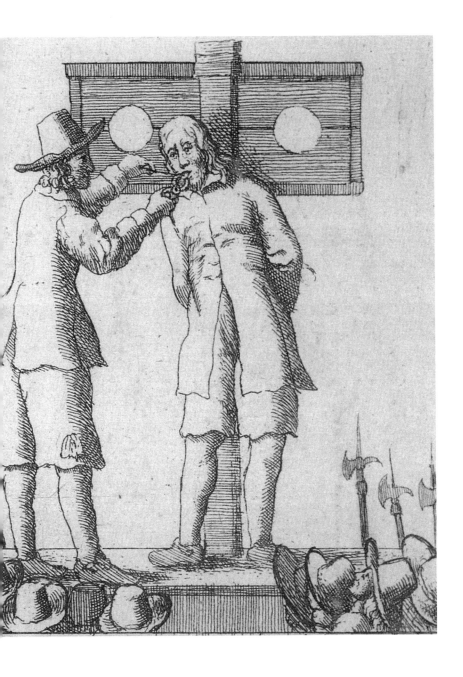

截肢刑

　　在某些情况下，截肢刑比烙刑更残酷，它不仅使犯人残废，还让其一辈子活在过去罪行的阴影里。自公元1世纪起，截肢就已成为一种刑罚方式。在当时，印度的《摩奴法论》规定，低等种姓若是对高等种姓或者整个社会犯罪，将被处以截肢刑。古巴比伦的《汉谟拉比法典》中，著名的"以眼还眼"就是一种截肢刑，后来的希伯来和罗马法典延续了这条法规。

这幅插图来自福克斯的《殉教者书》，描绘了囚犯丹尼尔·兰班特被拴在牢房中行刑的情形。

　　1066年，征服者威廉继任后，在英国推行截肢刑，并宣称截肢刑比绞刑更有威慑力。在此之前，欧洲大陆已经开始实施截肢刑。抢劫犯和纵火犯将分别被砍去右脚和挖出双眼。还有其他许多罪行一律按割鼻和割耳进行处罚。

　　在历史上，截肢通常在公共场合执行，这种血腥场面能够震慑旁观的民众。在英格兰，罪犯常常是戴着颈手枷或足枷被截肢。在实行割耳这一常见惩罚时，犯人的耳朵通常被钉在颈手枷上。待到犯人被释放之时，他的耳朵会被撕扯下来。13世纪时，小偷会被割去大拇指。亨利八世统治时期，截肢刑仍在施行，不去教堂的人会被割去耳朵。后来，截肢刑几乎消失了，直到伊丽莎白一世又重新引入，用以惩罚煽动性诽谤罪。新的法律在社会上引起了轰动，这显然是女王为对付政敌颁布的"强硬"政策。

羞辱：颈手枷和足枷

　　颈手枷和足枷是一种形式多样的惩罚方式，能够使罪犯直接受到羞辱和歧视。颈手枷和足枷由木板制成，将罪犯禁锢起来，供群众羞辱。戴足枷的犯人坐在地上，双腿置于身前，脚踝由木枷固定。戴颈手枷的犯人则站着受刑。人们认为这些刑具起源于13世纪的英国，之后才传到其他欧洲国家，并被首批清教徒移民带到美国。在英格兰，几乎每座村庄的广场上，都能看到戴着足枷的犯人。而在城市中，颈手枷则更加常见，为了让更多人看到，犯人通常被置于繁忙的十字路口。

尽管禁锢和示众会让犯人感到不适和屈辱，但犯人所受的真正惩罚完全取决于围观群众。用来侮辱和虐待罪犯的投掷物有腐烂的蔬菜水果、鸡蛋、死老鼠、石头、动物和人的排泄物。选择哪一种投掷物取决于民众的心情和对罪犯的态度。这意味着在某些情况下，颈手枷和足枷足以致人于死地。1756年，斯蒂芬·麦克丹尼尔、詹姆斯·萨蒙、约翰·贝里和詹姆斯·伊根四人因作伪证而导致另外两人被送上绞刑架。这四人被判处戴上颈手枷，在伦敦史密斯菲尔德区示众一小时。一小时已经足够了，因为愤怒的民众疯狂地朝他们投掷棍棒、石头和牡蛎壳。一小时之后，伊根的头已经被砸碎了。几天后，其余三人则在监狱中因重伤而亡。

同理，如果民众认为罪行微不足道，那么罪犯就不会受到伤害。1738年，一名男子因拒缴肥皂税而被判戴上颈手枷，在伦敦齐普赛街示众。示众期间，他得到了民众的喝彩。1704年，作家丹尼尔·笛福

即使在闲置时，枷锁也是如此醒目，是权威强有力的象征。

在这幅中世纪晚期的插图中，不论是面对动物、恶劣的天气，还是投掷石块、垃圾和粪便的人群，戴着足枷的犯人都毫无抵御能力。

因讽刺政府而被施以颈手枷刑。他在查令十字街度过了愉快的一小时,支持者们拥簇着他,为他奉上食物、饮料和鲜花。

古代中国使用的枷(cangue)是一种宽大的铰链木板,中间有一个洞,用于禁锢犯人的颈部,有的枷还有锁住手腕的洞。尽管这种刑具没有将犯人固定在某处,但犯人还是无法抵御来自群众的攻击。枷锁上贴有封条,书写了此人的罪行。戴着枷的犯人则被拉到街上示众,接受民众的讥讽与嘲笑。

羞辱的回归

羞辱不直接惩罚肉体,却会使罪犯易于受到周围人的攻击,并带来心灵上的痛苦,给罪犯造成更严重的伤害。羞辱的经典案例是纳撒尼尔·霍桑的小说《红字》,书中主人公海丝特·白兰因犯了通奸罪,而被判处在脖子上佩戴红色"A"字(英文"通奸"adultery的首字母)。直到21世纪的今天,得克萨斯州的法官还试图通过示众羞辱来重现霍桑小说中新英格兰清教徒的世界。

1999年,得克萨斯州通过一项法规,要求缓刑犯"按照法官要求的任何方式"来公示自己的罪行。泰德·坡是该法规的制定者之一,也是休斯敦哈里斯

郡地方法院的法官，他共做出 300 多项"公示"判决。

　　这些判决包括让殴打妻子的男人站在市政厅的台阶上道歉，以及让醉酒的司机站在酒吧门前，手持写有"我醉酒驾车时撞死了两个人"的标牌。2001 年，在得克萨斯州南部的科帕斯克里斯蒂市，一位名叫 J. 曼纽尔·巴纳莱斯的区法官命令 15 名缓刑期的性犯罪者在自家的前院放置警告牌，上面写着"危险，有性犯罪记录者居住在这里"。罪犯还必须在自己汽车的保险杠上贴上相应的标签，即使在驾驶朋友的汽车时也要如此。

这幅画是 18 世纪画家托马斯·罗兰森的作品，描绘了伦敦查令十字街上围观颈手枷刑的群众。公开惩罚和处决对民众来说是相当愉快的一天，货摊和街头艺人更是为这一天增添了许多狂欢的气氛。

2001 年，在美国俄亥俄州科肖克顿市，杰森·豪斯霍尔德（左）和约翰·斯托克姆（右）因向坐在汽车里的一名女子扔啤酒瓶而被判刑。他们有两个选择，在监狱里待 60 天，或是穿着女装在大街上步行一小时。

　　这些羞辱性的判决遭到了许多人的反对，理由是其违反了美国宪法第八条修正案，即不得对公民实施"残酷和异常的刑罚"。对于这些想要保护社会的法官而言，他们知道真正的惩罚是来自邻居的骚扰和暴力行为。许多被巴纳莱斯"公布姓名和判处耻辱刑"的罪犯遭到了他人的侮辱和攻击，以及财产被破坏。据报道，在第一批 15 名性犯罪者中，被巴纳莱斯判刑的罪犯中，有人恢复得不错，也有人受到他人骚扰，被赶出了公寓，据说还有自杀倾向。《得克萨斯月刊》称，罪犯的邻居由于恐惧和道德恐慌，才将他们赶出去。在公开宣告的性犯罪者的住所附近，房价也一落千丈。

颈手枷和足枷因易于执行而被法院列为常用刑罚，再加上公众也很乐意代劳，可以为法院省去不少开销。当代的耻辱刑基本也是如此。

如今的肉刑

到了 21 世纪初，世界上大多数国家已不再使用肉刑。许多国家还增设法律，禁止学校体罚，甚至不允许父母殴打孩子。但与此同时，肉刑在一些国家一直延续，甚至愈演愈烈。

在某些国家，鞭笞是过去殖民时代的残留物，在殖民国家废除鞭刑后依然存在于这些地方。在过去的十几年里，某些地区和国家的截肢刑也与日俱增。

第六章

监禁

　　尽管监禁有着悠久的历史，却并不像处决和肉刑那样常见。而到了18世纪时，这种情况开始发生转变，现代欧洲刑罚体系逐渐形成。法国哲学家米歇尔·福柯（1926—1984 年）在《规训与惩罚》一书的引言中解释了这一转变的本质。福柯首先详述了一桩公开处决案：1757 年在巴黎，罗伯特·弗朗索瓦·达米安因谋杀国王路易十五未遂而被判处四马分肢。判决这样写道：

　　……被送到格列夫广场。那里将搭起行刑台，用烧红的铁钳撕开他的胸膛和四肢上的肉，用硫黄烧焦他持着弑君凶器的右手，再将熔化的铅液、滚沸的松香、蜡和硫黄浇入撕裂的伤口，然后四马分肢，最后焚尸扬灰。

对页图：在美国佐治亚州一个军事化的劳教营中，囚犯们排列成队。劳教营是监禁的替代选择，用于威慑年轻人，让他们不敢再犯罪。劳教营很受支持打击犯罪的选民的欢迎，但是如果不辅以鼓励、教育和培训的话，劳教营并不能很好地发挥改造作用。

法国哲学家、历史学家、批评家米歇尔·福柯所著的《规训与惩罚》堪称一部欧洲监狱史。书中，福柯探讨了18世纪监狱的兴起对现代世界观的影响。

　　正如现场监视官员布顿所记述的那样，这道刑罚很难执行。首先，硫黄点燃后火焰微弱，发热量低。其次，烧红的铁钳很难撕下达米安的肉，最后只留下了"大约6磅肉的伤口"。四马分肢也没有成功。人们将四匹马的绳索分别系在犯人的四肢上，向前赶马，但屡次失败，达米安的身体未能被分解。最终，刽子手奉命用刀切断了他的四肢。

福柯将这一可怕的行刑场面与在此之后80年的刑罚进行了对比——巴黎的某座监狱对囚犯的一天做出了详细的规定：

第18条：起床。第一次击鼓时，看守打开囚室门，犯人必须起床穿衣，并保持肃静。第二次击鼓时，他们必须穿好衣服，整理好床铺。第三次击鼓时，他们必须整队出发，到小教堂做晨祷。

第20条：劳动。夏天5点3刻，冬天6点3刻，犯人到院子里洗脸洗手，领取第一份面包。随后，他们编成劳动小组开始工作。劳动时间夏天必须从6点开始，冬天必须从7点开始。

第27条：夏天7点，冬天8点，劳动结束。在车间里最后一次发放面包。由一名犯人或一名看守用一刻钟时间通读一段道德教诲。然后做晚祷。

达米安的公开处决属于中世纪的酷刑，而19世纪30年代的监狱作息表无疑是现代的惩罚方式。如今，公开酷刑已被监禁取代，惩罚的重心也从肉体转移到精神上，尽管监狱制度依旧十分严苛。

福柯引用的两种刑罚仅相隔80年，但转变在

1757 年就开始了。在那时，可怕的公开酷刑几乎消失了。虽然法国当局选择用 1610 年同样弑君未遂的弗朗索瓦·拉维拉克所受的酷刑来惩罚达米安，但在之后的 150 年里，公开酷刑再也没有出现过，往后也不可能出现了。

这幅 1611 年的版画描绘了阿姆斯特丹矫正院的场景。背景中，一名囚犯正在遭受鞭笞。前景中，一名看守正在监督两名囚犯锯木头。

启蒙思想

到 1757 年时，一股新的社会思潮已经让社会观念发生了根本性的改变，同时引发了法国和美国在该世纪末的变革。诸如伏尔泰（1694—1778 年）、让 - 雅克·卢梭（1712—1778 年）和约翰·洛克（1632—1704 年）等启蒙思想家坚信人的潜力、自由意志和人性本善，推动了社会变革。卢梭的"社会契约"将个人与社会联结在一起，洛克撰写了"取得被统治者同意"的政府论。这些新派哲学家反对酷刑和死刑，认为这是过去的野蛮行为，与理性和人性背道而驰。

随着这些新思想开始影响欧洲社会，人们的刑罚观念也发生了变化。渐渐地，人们认为刑罚足以威慑犯人即可，且刑罚应当是可预测的、和犯罪程度相匹配的。监狱完全符合这些理性启蒙思想的期待。监禁的时间由法律规定，以防止法官对犯人随意判刑。18 世纪时，为顺应新兴的人权观念，监狱的环境得到改善，不再像以前那样可怖。这也是监狱制度首次呈现出改造罪犯的可能性。

意大利刑法学家切萨雷·贝卡里亚（1738—1794 年）撰写的一部短篇论著《论犯罪与刑罚》（1764 年出版）可能是有史以来最具影响力的改革书籍。贝卡里亚应彼得罗·韦里和亚里山德罗·韦里两兄弟之邀，撰写了这本书。两兄弟是激进知识分子团体"拳头社"（The Academy of Fists）的组织者，贝卡里亚也是其中一员。实际上，贝卡里亚自己并无一手的法律资源，是韦里两兄弟提供给他所需的信息。当时，彼得罗正在撰写一部酷刑历史，而亚里山德罗则是一名监狱官员。

《论犯罪与刑罚》一经出版就大获成功，之后几

米兰贵族切萨雷·贝卡里亚在当地的知识分子团体中秘密出版了《论犯罪与刑罚》，这本书改变了刑罚的历史进程。极度害羞的贝卡里亚避开了这本书带给他的名声，而是选择在当地政府工作，默默无闻地过完后半生。

度再版，并很快被翻译为法文和英文。俄国女皇凯瑟琳大帝、奥地利大公兼匈牙利国王玛丽娅·特蕾莎都是贝卡里亚早期的崇拜者，伏尔泰、托马斯·杰斐逊和约翰·亚当斯都曾引用他的著作。

当贝卡里亚收到前往巴黎会见当时伟大思想家们的邀请时，他虽然十分羞涩和不情愿，但还是接受了邀请。可以说，贝卡里亚给人的印象并不好。正如亨利·保卢奇在1963年出版的《论犯罪与刑罚》的序言中所说，法国知识分子认为，贝卡里亚是"一个没骨气和离不开母亲的低能儿"。

贝卡里亚的这本小书运用启蒙思想分析了当时的法律和刑罚制度。他认为当时的法律体系是残忍和不合理的，法规模糊不清，惩罚专断且过于严苛。贝卡里亚的观点经过深思熟虑，逻辑缜密且极具说服力，他呼吁社会进行彻底的改革，包括公开审判，废除酷刑和死刑，实施与罪行相称的惩罚，以及迅速及时地进行惩罚。贝卡里亚认为个体应当保有尽可能多的自由，个体只应放弃为维持社会契约不得不放弃的自由。当然，社会也有权惩罚公民，但惩罚力度必须控制在足以维持社会秩序的程度之内：

　　　　任何超越绝对必要性的刑罚都是暴虐的。至于"公正"，我指的只是把单个利益个体联系在一起的必要纽带，否则，人们就会回到原始的残暴状态中。如果刑罚超过了维系上述纽带的需要，它本质上就是不公正的。

因此，贝卡里亚从功利主义的角度认为，酷刑和处决不仅野蛮而且无效：

> 但是，对于这些犯罪应适用什么样的刑罚呢？对于维护社会的正常秩序和安全来说，死刑真的是有益和必要的刑罚吗？刑讯和折磨算是正义吗？它们能实现法律所提出的宗旨吗？什么是预防犯罪的最好方法呢？……
>
> ……刑罚的目的既不是要摧残折磨一个感知者，也不是要消除业已犯下的罪行。刑罚的目的仅仅在于：阻止罪犯再次侵害公民，并规诫其他人不要重蹈覆辙。

贝卡里亚认为，对犯人真正起威慑作用的是刑罚的确定性，而非严重性。这可能是第一次对"惩罚自然会产生最大的威慑"这一概念提出严重的挑战。

理性的利己主义

　　杰里米·边沁（1748—1832 年）的父亲是伦敦著名的律师，边沁于 1772 年获得律师资格，似乎注定要从事光鲜的法律事业，但他选择了一条不同的道路。在向法庭提起一桩诉讼后，边沁发现他"耗费了应有时间的三倍，以及成本的三倍"，他决定投入毕生精力研究和改革英国的法律制度。休谟、爱尔维修和贝卡里亚等法学理论家的著作，以及约瑟夫·普里斯特利的政治小册子启发了边沁。边沁在普里斯特

英国哲学家和社会改革家杰里米·边沁出版了 80 多本关于支持监狱改革、女性选举权、免费教育和同性恋合法化的著作。

利的著作中第一次看到"最多数人的最大幸福",这句话后来成为边沁的功利主义理论的核心原则。

和贝卡里亚一样,边沁认为,只要确保惩罚的痛苦超过犯罪所获得的快乐,就可以预防犯罪。贝卡里亚还怀疑这个"数学公式"是否能够有效应用于人类复杂的犯罪行为,而边沁却试图实现这一公式。在1789出版的《道德与立法原理导论》一书中,边沁提出了"幸福计算",并称这种方法可以测量出某一行为产生的快乐和痛苦,从而确定预防罪行所需的最小威慑力。

边沁认为,人都是按照"理性的利己主义"行事的,人都趋向于将快乐最大化,痛苦最小化。他写道:"最多数人的最大幸福是道德和立法的基石。"因此,边沁认为道德唯一的真正基础就是理性的利己主义,而非外部的道德和宗教准则,也非古老的法典。

根据边沁的理论,诸如同情和目的等复杂的因素是无关紧要的;同样,诸如自然权利和社会契约等模糊的概念也是无足轻重的。

边沁坚持从"数学"的角度来衡量社会。然而,即便是以18世纪心理学的粗略标准来看,他对人类动机的分析也过于简单了。和边沁同时代的社会评论家威廉·哈兹里特曾说:"边沁在威斯敏斯特生活了40年……他将法律简化成一套体系,将人的思想简

> 最多数人的最大幸福是道德和立法的基石。
>
> ——杰里米·边沁

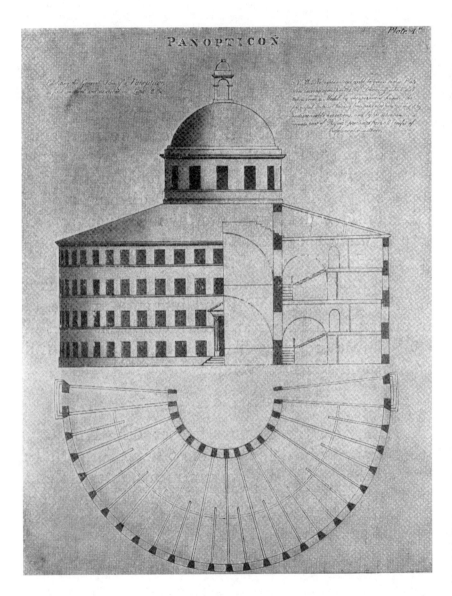

边沁的全景监狱设计图，中央是一座瞭望塔，周围是环形的建筑，牢房密布其中。尽管边沁一生从未建造过这种监狱，但该设计被 19 世纪和 20 世纪的许多美国监狱采用了。

化成一台机器。"

批评者还讽刺了边沁晦涩的写作风格，全文充斥着独特的拉丁语新词，几乎没有可读性。哈兹里特评价道："他创造出了一种自己的语言，让知识变得晦涩难懂。"并调侃说："虽然他的作品已经有法文版，但还是先译成英文比较好。"哈兹里特继续说道："全文不仅空话连篇，还措辞尖锐、意味深长，如果没有的话就更好了。"马克思的批评更是毫不留情，他把边沁称为"资产阶级蠢材中的天才"。尽管边沁受到如此批评，他设计的全景监狱还是为现代刑罚制度做出了重要贡献。该监狱由他命名，监狱的四周是环形的牢房，因此又叫圆形监狱。监狱中心是一座瞭望塔，以便狱警随时监视犯人。这种监狱会让囚犯感觉时刻被监视着，尽管实际并非如此。正如福柯所说：

> 全景监狱的主要作用是让囚犯处于一种有意识的和持续的可见状态，从而确保权力能够自动发挥作用。这样安排是为了使监视具有持续效果，虽然在实际中监视是断断续续的。……这种建筑应当成为一种机制，能够创造并维系一种独立于权力行使者的权力关系。
>
> （福柯，《规训与惩罚》）

边沁试图说服英国政府让他建造运营这种监狱，但项目未能开始就被终止了。最后，在1842年，即边沁去世的10年后，伦敦的本顿维尔监狱建起了改良版的全景监狱。这座监狱将520名囚犯分别关在完全相同的牢房里，各牢房沿着四条侧翼自中心点往外辐射。囚犯之间实行严格的隔离，囚犯在牢房外时必须戴上兜帽，甚至连祈祷的小教堂中也装有围栏，以防止囚犯们相互接触。

美国最后一座圆形监狱建于1919年，坐落在伊利诺伊州朱丽叶市附近的史泰特维尔惩教中心的F大楼。狱警在中央塔楼可以看清每个牢房的情况。

全景监狱在美国各州监狱得到广泛推行，该设计一直沿用到 20 世纪。如今，美国最后一座还在使用的圆形监狱是位于伊利诺伊州朱丽叶市附近的史泰特维尔惩教中心的 F 大楼。

边沁的"自身像"

在伦敦大学学院的主楼里，陈列着一个木制的柜子，里面摆放着杰里米·边沁保存完好的、穿着衣服的骨架，骨架之上是蜡像做的头部，这就是边沁的"自身像"。一如他生前的古怪脾性，边沁在遗嘱里要求将自己的骨架保存起来。他原本打算将自己的头部也陈列出来，可惜头部在防腐时出现了失误，表情吓人，于是人们给他做了一个蜡像头。

关于这一"自身像"的传闻有很多，其中一个是：在边沁生命的最后十年中，他在口袋里随身携带着用来装饰自己头骨的玻璃眼珠。这些玻璃眼珠和他的头骨原本陈列在"自身像"的脚下，但这些东西对于国王学院的学生来说，诱惑太大了，头骨经常被盗。另一个故事相传，有一次，人们在阿伯丁车站的行李寄存柜里发现了他的头骨。之后，头骨被运到伦敦大学学院的保险库进行保存。最有趣的故事是，每当伦敦大学学院举行校务会议时，学校都会将边沁的自身像推到会议室。在会议记录中，边沁被列为出席但不投票的代表。

艰苦的监狱生活

尽管许多人都探讨过监狱改革，但很少有人真正去监狱进行调查。在欧洲，监狱由私人运营，监狱所有者的主要目的是营利。这就使得监狱力图削减成本，减少经费开支，加剧了囚犯的不适。比如，为了方便看守和节省开支，监狱将一些囚犯铐在重达18公斤（40磅）的铁镣里，还将许多囚犯拴在一起。罪犯、欠债者和等候审判的人之间几乎没有区别，都忍受着同样恶劣的环境。囚犯被集中关在没有暖气、寝具或卫生设施的大牢房里。牢房通常建在地下，缺少阳光和新鲜空气。在这种条件下，寄生虫和疾病肆虐。1759年的一项估测显示，每年大约有四分之一的囚犯死于监狱，累计5000人死亡。

除了恶劣的环境，囚犯还受到更加直接的惩罚。在一些监狱，监禁等同于酷刑。伦敦塔有一种被称为"立锥黑牢"（Little Ease）的牢房，面积只有 1.2 平方米，关押在内的囚犯几乎无法站立或平躺。这样的牢房在欧洲的城堡和宫殿很常见。法国有一种叫作"老鼠洞"（sourcière）的牢房，面积仅有 91 平方厘米，一直沿用到 19 世纪。

与恐怖的"深坑"（The Pit）相比，这些狭窄的牢房算是豪华的了。"深坑"位于伦敦塔地基深处，在泰晤士河的高水位线以下。当河流涨潮时，几百只老鼠涌入坑中，囚犯们每天要在黑暗中与这些啮齿动物搏斗两次。

被监禁的不仅有重罪犯。1550 年，伦敦建立了第一座感化院——布莱德威尔（Bridewell），用于收容流离失所的穷人，给他们工作。由于感化院是自筹开设的，囚犯们不得不为了食物和住所而努力工作。常见的工作有踩踏车、做钉子和清理下水道。到了 1576 年，英格兰的每一片辖区都设立起感化院，用于管束麻烦的穷人。

到了 17 世纪，监狱和感化院之间的区别已经不大了。法官们开始将轻罪者送进感化院，以缓解监狱长期以来过度拥挤的压力。为了处罚重罪犯，国家需要建立起一套监狱制度，并采取鞭笞和足枷等惩罚方

在绝大多数情况下，监狱中疾病的肆虐对被判监禁的囚犯来说往往意味着延期的死刑。

伦敦臭名昭著的新门监狱存续了 800 年之久。1770 年，伦敦开始建造一座新监狱，但在 1780 年戈登组织的反天主教暴乱中被烧毁。1877 年，新门监狱再次被烧毁，之后再次重建。直到 1904 年，为了给正在扩建的中央刑事法院腾出空间，新门监狱被拆毁了。

式。这些惩罚不仅针对重罪犯，也针对没有犯罪的穷人。在布莱德威尔感化院，人们还建造了一条长廊，以便观众付费观看正在被鞭打的囚犯。

新门监狱

新门监狱（Newgate Prison）以肮脏和道德堕落而闻名，是伦敦最臭名昭著的监狱。该监狱由亨利二世建于1188年，从一开始就用来关押伦敦的重罪犯。新门监狱里有等待被处决的囚犯、普通罪犯、债务人、宗教犯、叛乱分子、叛国者、间谍，以及等待审判的人。

在18世纪的大部分时间里，新门监狱都人满为患。原本可容纳150人的牢房却住着多达300名囚犯和他们的家人，甚至还有宠物。失去了家里的顶梁柱，囚犯的妻子和其他家人往往无路可走，只能到监狱陪着。监狱不会为囚犯的家人提供任何保护，囚犯的妻子和女儿经常受到虐待，被其他囚犯和狱卒强奸。迫于饥饿，一些妇女为了几便士就可以出卖自己的身体，被判卖淫罪的女人则继续在监狱内卖淫。1813年，监狱改革者伊丽莎白·弗莱来到新门监狱考察，她看到监狱里的女人已经"沦为了野兽"。

和欧洲的其他监狱一样，新门监狱也是私营的，

1813 年在伦敦，改革者伊丽莎白·弗莱首次访问新门监狱。监狱的情景让她震惊不已，她也因此投身于监狱改革。弗莱曾几次回到新门监狱，先是给孩子们送衣服，后来又为新划分出来的女囚区设立了缝纫室和学校。

只为囚犯提供分量极少的食物，但囚犯可以用高价从狱卒那里购得更好的食物。所有的生活用品都得付钱购买，比如蜡烛、煤炭，甚至床和寝具。酒很容易买到，赌博也十分常见。囚犯甚至要为暂时取下镣铐在火炉边取暖而支付费用。

如果罪犯足够有钱，就可以避免入狱。在伦敦的弗利特监狱，囚犯可以用钱贿赂狱卒，获得一天的自由，即著名的"弗利特自由"。后来，囚犯甚至可以住在监狱附近，前提是要向监狱看守支付"收入损失"。监狱附近的区域被人们称为"自由区"。

约翰 · 霍华德

英国慈善家和改革家约翰 · 霍华德（1726—1790 年）并未撰写过任何理论书籍，而是对英国的监狱进行了实地考察，编写成书。他在书中明确指出，监狱的环境远远达不到现代开明社会的标准。在霍华德被任命为贝德福德郡的郡长后，他不辞辛劳地访问了当地的监狱。在那里，他目睹了恶劣的环境：监狱十分肮脏，许多囚犯都得了病，无人遵守规则。最令人震惊的是，刑期已满的囚犯仍被关在监狱里，因为他们无法支付监禁期间所需的费用。

霍华德质询了地方法官，地方法官却反问他有哪一个监狱不是这样做的。于是，霍华德开始考察全国的每一座监狱。1777 年，他出版了《英格兰和威尔士的监狱状况》，这本书是他视察旅程的成果。这不是一本理论书，而是对英格兰和威尔士监狱的详细的实地调查。通过大量考察，约翰 · 霍华德发现贝德福德郡监狱的状况相当普遍。

霍华德目睹了疾病对监狱造成的巨大危害。其中最臭名昭著的传染病是"监狱热"，一种斑疹伤寒。霍华德写道："根据我在 1771 年到 1774 年的考察，我可以完全肯定，因'监狱热'死去的人比公开处决的人数还要多。"1783 年，格洛斯特郡的一份报告

这幅 19 世纪的插图描绘的是伦敦托西尔广场的感化院里的一个工作车间。
该车间实行禁谈制度，工人们不允许互相交谈。

估测在那一年，死于监狱热的囚犯人数是被处决人数的三倍，这证实了霍华德的说法。这种疾病致命性极强，以至于在 1750 年，两名在伦敦中央刑事法院受审的罪犯将这种疾病传入了法庭。传染病最终夺去了 50 多人的性命，其中包括整个陪审团、市长和两名法官。

霍华德对监狱的考察并没有局限于英格兰和威尔士，他还踏足了欧洲大陆，访问了那里的监狱。在游历欧洲时，霍华德发现其他国家也在就刑罚和改革问题进行辩论。大多数国家的改革程度远超英格兰。霍华德对荷兰监狱的印象尤其深刻，他发现那里"非常安静，而且大多数牢房都很干净"，这让他几乎不敢相信自己身处监狱。他已经不知道该"最羡慕哪一点，是监狱的整洁干净，还是囚犯的勤劳和安分守己，抑或是法官和统治者的仁慈和关切"。

霍华德将理想的荷兰监狱与破旧野蛮的英国监狱进行了对比，认为监狱改革在所难免。他倡导对监狱进行定期检查，建立明确的管理体系，并向狱卒支付薪水。而在此前，狱卒通过剥削压榨囚犯而生。

我从未见过如此肮脏、无知、邪恶和堕落的地方。囚犯们斗殴、惨叫、向我乞求施舍。我为他们感到无比地难过，但最让我难过的是可怜的孩子们，他们挨着饿，没有合适的衣服穿，被迫睡在光秃秃的石板地上。

——伊丽莎白·弗莱

霍华德的改革热情大部分来源于他的宗教信仰。他致力于让监狱成为囚犯反思和忏悔的场所：井然有序、干净整洁、独处和沉默。尽管独处和沉默并不一定会使犯人悔改，但霍华德所著的书籍却产生了立竿见影的效果。1779年，英国通过了霍华德提议的《监狱法》，并开始对监狱进行一系列试验和改革。然而，约翰·霍华德对监狱改革的热情最终也导致了自己的死亡。1791年，他应俄罗斯监狱改革者的邀请去视察那里的监狱，但不幸感染"监狱热"身亡。

《监狱法》规定，囚犯应当从事"最辛苦和最低微的苦工"。踩踏车就是一个典型的例子。1817年，威廉·库比特发明的第一台踩踏车被安置在伦敦的布里克斯顿监狱。多达40名囚犯并排站在一个形似长长的水轮的机器上。在伦敦的本顿维尔监狱，根据严格的规定，踩踏车上设有木制隔板，将囚犯们隔离开来。每名囚犯在自己的隔间里工作，工作15分钟，休息15分钟，每个工作日轮班15次。然而，踩踏车上的所有工作都只是为了让天花板上的风扇转动起来。因此，这一无用功被囚犯们称为"磨风"（Grinding the Wind）。

尽管是出于好意，但这一改革却创造了一种新的令人讨厌的精神折磨方式，即让罪犯筋疲力尽、头脑麻木、疲惫不堪。

18 世纪末期，美国和法国相继爆发大革命，旧的社会秩序被废除。在美国，监禁成了主要的惩罚方式，为现代刑罚提供了新的范式。

1777—1865：美国监狱

在殖民地时期和建国初期，美国还没有监狱制度。监狱的存在只是为了关押等候审判的犯人。判决包括罚款、鞭笞、公开羞辱（关进笼子或戴上足枷）、流放和绞刑。惩罚的主要目的是威慑犯人，人们很少考虑改造罪犯，或者探究犯罪的原因。人们普遍认为，罪犯就像穷人一样，永远不会消失。

如果罚款、鞭笞、流放等相对较轻的惩罚不能威慑罪犯，那么政府就只能使用绞刑了。1736 年，马萨诸塞州议会下令对第一次犯罪的小偷处以罚款或鞭刑。若此人再犯，他将被处以三倍罚款，脖子套上绞索，被绑在绞刑架上一小时，并接受 30 下鞭笞。如果第三次再犯，他将被绞死。

在宣布独立后，美国人开始否认英国为其留下的殖民遗产，打算建立起一个全新的国家。在亟待改革的制度中，殖民司法体系排在首位，这一体系仿照英国设立，对许多罪行都施以死刑。来自宾夕法尼亚的

1900 年左右，在伊利诺伊州默纳德县的一座监狱，严苛的监狱规范和改革主张已被废止。19 和 20 世纪之交的美国监狱秩序井然，纪律严明。

医生、《独立宣言》的签署人之一本杰明·拉什表示：

> 死刑是君主政治的自然产物……国王将臣
> 民视为自己的财产。因此，他们屠杀臣民就像放
> 牧人屠杀牛羊一样，毫无怜悯之情。而新成立的
> 共和政府却截然不同。

新独立的美国人认为，在殖民时期，过于严苛的惩罚是人们目无法纪的主要原因。那些惩罚过于残酷，以至于罪犯若不是凶恶至极，陪审团都不忍将普通罪犯送上绞刑架。这样做的结果就是轻罪者不受惩罚，反而继续犯罪。

于是，人们掀起了一场改革，敦促政府建立起新的刑罚制度，这一制度要能够体现民主原则，同时还要展现美国在实践和道德上的优越性，远超过去旧的政权。死刑被长期或终身监禁所取代。19世纪初期，共有9个州建起了监狱。在一个建立在自由原则之上的社会中，对民众的终极制裁就是剥夺自由。

人们以为，没有了残酷的殖民刑罚，民众的自然美德将占据上风，甚至不会有人犯罪。但实际上，监狱很快变得难以管理，以至于囚犯开始无视法律。所有囚犯被关在一间大牢房里，酒水充足，又无所事事，于是他们开始谋划暴乱、越狱和新的犯罪。改革者认

为，他们缺乏秩序，亟待建立一个监狱体系。

改造

19世纪20年代，在美国总统杰克逊改革的影响下，监狱的目的转为将罪犯改造成守法的公民。在基于纪律、苦工和单独监禁的制度管理下，囚犯的作息时间和活动范围受到严格限制。人们认为，这种有序的制度能让囚犯有足够的时间进行忏悔，并且有助于养成良好的工作习惯。

纽约州和宾夕法尼亚州各自采取了不同的监狱管理制度，这些制度并没有太大的差别，除了执行力度略有不同。在纽约州的奥本监狱和奥西宁监狱（俗称新新监狱），囚犯们一人一间牢房。他们一起吃饭一起工作，但不得以任何形式互相交流。

宾夕法尼亚的监狱实施了理想中的监狱模式。抵达监狱之后，囚犯的头部会被罩住，这样他既不会看到别人，也不会被人看到。在整个服刑期间，囚犯与他人隔绝，并禁止与朋友家人通信。囚犯唯一的读物是《圣经》，仅有的消遣是在牢房里做工，通常是纺织羊毛。

美国的监狱体系也受到人们的批判。1842年，查尔斯·狄更斯访问美国，参观了宾夕法尼亚州的监狱，称其管理是"残忍和错误的"。

要打造一座理想的监狱，需要解决的实际问题从一开始就显而易见。最紧迫、最困难的问题是如何对付那些顽劣的囚犯，而非只盯着犯了罪的好公民。但是在改革的幌子下，对囚犯的残酷惩罚不仅得以容忍，还获得了道义上的正当性。在纽约州、马萨诸塞州和俄亥俄州，鞭笞是一种常见的惩罚方式，而宾夕法尼亚州使用的是铁制口塞，缅因州使用的则是金属球和锁链。

到了 19 世纪 60 年代和 70 年代，美国开始增设长期刑，导致监狱过度拥挤，重罪犯在囚犯中的比重

新新监狱的监狱长托马斯·莫特·奥斯本（右）与两名看守在牢房外的合影。奥斯本曾试图放宽该监狱一直以来严苛的管理，但被指控破坏纪律，于1916 年被迫辞职，担任监狱长仅 2 年。

越来越高，这也是我们如今所熟知的状况。腐败以及公共资金不足，更是加剧了这一问题，迫使政府将重心转移到遏制犯罪上来。监狱的改革实验结束了。

如今的美国监狱

美国不仅是现代监狱的开创者，还拥有世界上最大的监狱，能够容纳 200 万名囚犯。在过去的 20 年里，美国人口仅增长 20%，但囚犯人数却翻了两番，美国每年要为此花费 460 亿美元。

大规模的监禁也未能降低犯罪率，犯罪率有时上升，有时下降，起伏不定。如今的犯罪率与 1970 年的水平相当。得克萨斯大学的一项研究表明，在过去十年里，西弗吉尼亚州的监禁率增长了 131%，而犯罪率仅下降 4%。在邻近的弗吉尼亚州，监禁率上升了 28%，犯罪率下降了 21%。

在《琼斯母亲》杂志上，一则名为"回馈社会"的报道这样写道：

我们的社会怎么了？一向倡导自由的美国怎会成为世界上关押囚犯最多的国家？原因不在于犯罪率，而在于人们对犯罪的看法，以及某些人对这些观念的操控，其目的是谋取政治地位和经济利益。

　　造成这一状况的罪魁祸首是强制性的最低刑期。该制度规定了关押罪犯的最低期限，在此期间，罪犯不得假释，也无法获得减刑。20 世纪 80 年代时，美国的政客们争相打击犯罪，出台严厉的惩罚措施。到如今，无论是联邦政府还是各州政府，都出台了强制性的最低刑期政策。就连极端保守的最高法院大法官威廉·H.伦奎斯特也认为，这些法规在很大程度上是为政治服务，而很少从犯罪学的角度考虑。他指出，"强制性的最低刑期往往来自众议院提出的修正案，用以表示立法者'对犯罪的强硬态度'"。

　　由前美国总统尼克松于 1968 年首次提出的"毒品战争"，在 20 世纪 80 年代早期达到高潮，以对抗当时的"快克[1]大流行"。该反毒运动开展得如火如荼，使监狱里挤满了吸毒犯人，他们大多是黑人和西班牙裔。纽约州有着最严厉的毒品法，持有极少量的毒品也会被判处至少 15 年的监禁。如今在美国，有超过 50 万名毒品犯罪者被关在监狱里，这一数字是 1980

有时候，我们必须扪心自问："我们将年轻人关起来，而非改造他们，这样做符合道义吗？"在这一难以置信的做法得到应对之前，我们都不能声称美国是自由的土地。

——杰西·杰克逊牧师

1　Crack，高纯度可卡因的俗称，因为加热吸食时会发出噼啪的响声而得名。

我想很少有人能够认识到，这种可怕的、持续多年的惩罚对受害者造成的巨大折磨和痛苦……在我看来，这种日复一日的对大脑的破坏比折磨肉体要糟糕得多。

——查尔斯·狄更斯

年的 10 倍。

20 世纪 90 年代，美国联邦政府和 23 个州出台了"三振出局法"，进一步导致了囚犯人数的增加。该法令规定，如果有三项罪名成立，犯人将会被判处 25 年以上的监禁。这种做法确实适用于一些暴力重罪犯，但未免过于武断。持有偷来的自行车和盗窃备用轮胎都可能会被判处终身监禁。

维持如此庞大的犯罪人口，需要巨大的经济和社会成本。1995 年，加利福尼亚州的监狱支出首次超过教育支出。教育一名青少年需要 5500 美元，而关押一名青少年却需要 2 万美元，这意味着学校的资金正在流向监狱。正如杰西·杰克逊所说："我们正在逐渐打造一流的监狱，二流的学校。"

美国监狱政策对少数族裔，尤其是年轻黑人的影响更大。20 世纪 90 年代中期，黑人占监狱人口的一半，如今占据三分之一。黑人和西班牙裔群体因监禁遭到重创，整整一代人的智慧和创造力都被埋没在牢房里。他们的民主权利也在丧失。在许多州，罪犯和有前科的人都没有投票权。不仅如此，有人还支持对囚犯进行人口登记，以便"听取他们的声音"。于是，监狱所在地（大多为白人区、乡村和保守地区）的普查人口大幅增长，相应地，这些地区可以获得更多的政府资金，而囚犯却无权决定这笔钱该花在哪里。

马丁·路德·金（1929—1968 年）

1963 年，马丁·路德·金被捕，在监狱中，他收到了教会人士的来信，要求他在民权斗争中采取更为温和的态度。对此，马丁·路德·金在纸片和报纸的空白处迅速写下了《从伯明翰市监狱发出的信》，由律师偷偷送了出去。这封信洋溢着争取民权的热情，一直保存至今："总有一天，南方会承认其真正的英雄……总有一天，南方会明白，当这些被剥夺了继承权的上帝的孩子坐在便餐柜台时，他们实际上是在捍卫美国梦的最佳理想。"

世界各地的监狱

近年来，日本监狱的暴行、布隆迪的儿童监狱、马来西亚的政治犯，以及被美国关在古巴关塔那摩湾的恐怖分子嫌疑人受到了广泛关注。在巴西，监狱暴乱频发，死伤惨重，这是因为巴西监狱长期以来存在着虐待和腐败行为，在那里囚犯人满为患，暴力和酷刑肆虐。

最近，土耳其政府将大约 2000 名政治犯转移到了新的"F 型"监狱。在这所监狱中，囚犯被单独关押或分成小组关押，禁止联系和探视，只允许律师进行有限的接触。2002 年 1 月，土耳其司法部长宣布，囚犯可以每周社交 5 小时，前提是必须完成职业、教育相关的课程，这些课程在囚犯看来无异于政治"再教育"。自第一批"F 型"监狱开放以来，已经有 1000 多名囚犯绝食抗议，迄今为止已有 50 多人死亡。

"9·11"恐怖袭击事件后，英国政府于 2001 年出台了《反恐犯罪和安全法案》。有报道称，一批根据该法案而被拘押在贝尔马什监狱的囚犯受到了虐待。在贝尔马什监狱，囚犯一天要在牢房里待上 22 个小时，只有 1 小时可用来锻炼身体，另外 1 小时可以进行社交、打电话、洗澡。囚犯的医疗资源有限，

锁链囚犯

1919 年，佛罗里达州强迫监狱劳工为当地旅游业修建公路。囚犯们被分在不同的队伍里，铐上锁链，在武装狱警和公众的监督以及烈日蒸烤之下劳作一整天。那些东张西望、偷懒不工作的囚犯将会受到殴打。更严重的违规者将被关在无窗的"发汗箱"里，那是一种 2 米 ×2 米 ×1 米的木头箱子。

不同种族的锁链囚犯被隔离开来，其中非裔美国人的数量最多。其他州也纷纷效仿这种做法。一时间，铐着锁链的黑人囚犯站在路边的景象变得十分常见。囚犯还会被租给私人农场或种植园，在其中进行劳作。奴隶制被废除之后，黑人再次沦为了奴隶。

美国南方一直断断续续地对囚犯实施这种惩罚，直到 20 世纪 50 年代才被废止。而近年来，诸如亚拉巴马州、佛罗里达州和亚利桑那州等地区又恢复了这一做法。

无法获取法律咨询，与外界的接触也被限制。截至目前（作者撰写此书时），这些被拘留者并未受到任何指控，政府也没有公布拘捕他们的原因。

这张航拍照片展示了伦敦东南部贝尔马什高级警备监狱的围墙和主要牢房的布局。

开放式监狱：于泽鲁普监狱

　　虽然世界上大部分地区都在效仿美国建造更为严格的最高警备监狱，但在 20 世纪也出现了"最低警备"的开放式监狱。在那里，囚犯拥有自己的房间和钥匙，甚至可以自由出入。

　　世界各地都用开放式监狱关押低风险的轻罪犯，但在丹麦，这种监狱已是常态。于泽鲁普监狱是典型

在电影《落水狗》中饰演蓝先生的爱德华·邦克曾在监狱里创作犯罪小说。出狱后，他作为小说家、编剧兼演员开启了新的生活，专门在电影中扮演硬汉。

的开放式监狱，其中 90% 的囚犯都已定罪。该监狱尽可能地为囚犯创造一个与外部世界无异的环境，并与当地社区保持着紧密联系。犯人是否分配到封闭式监狱与其刑期的长短无关。只有对社会安全构成危害的罪犯才会被分配到封闭式监狱。

在于泽鲁普监狱，大多数囚犯都有自己的牢房，窗户上没有铁栅，囚犯可以自备衣服和个人物品，包括电视、家具和剃须刀。从监狱商店购买食物、洗漱用品或其他东西还可以获得补贴。如果囚犯去工作或上学还能获得报酬。

监狱设施包括健身房、美术室和音乐工作室，每天下午 3 点至 9 点对所有囚犯开放。每个囚犯都有权返家探视和周末休假。实际上，监狱边界的矮栅栏也阻拦不了他们。只有十分之一的囚犯会越狱，但他们越狱不是为了逃跑，而是为了避免与其他囚犯发生冲突。当这种情况发生时，囚犯要么稍后返回监狱，要么被转移到另一个监狱。被警方抓获的逃犯将被送回监狱，继续服刑。但无论哪种情况，囚犯都不会因越狱而受到惩罚。在于泽鲁普监狱，唯一真正的惩罚就是将囚犯转移到封闭式监狱。

于泽鲁普监狱是一种理想的监狱，正如其管理者汉斯·约尔根·恩波所说："惩罚已经被重新定义为剥夺囚犯的自由。"

第七章

酷刑

酷刑已经存续了数千年，尤其在古希腊，酷刑是法律程序中不可或缺的一部分。生而为自由民的公民从未受过酷刑，因为他们天性"高贵"，从不会撒谎。而在审问奴隶时，必须使用酷刑。在雅典法庭上，奴隶的证词是不被承认的，除非其受过酷刑。

酷刑的希腊语是"basanos"，是一种试金石的名字。当纯金在试金石上摩擦时，金子会在石块上留下印记，人们因此可以验证其纯度。自由民在陈述真相时，法院会相信他的诚实和智慧。而奴隶在本质上是不可信的，因此，其证词必须经过酷刑的"验证"。

在古代中国，酷刑也被用于司法过程中。法律规定，被告在被判刑前需要供认自己的罪行。因此，那些被判有罪但拒不认罪的人会遭到酷刑，直到认罪为止。在调查期间，酷刑也经常用于审讯证人。

在中世纪的欧洲，人们经常在宗教和民事调查中

对页图：水刑是宗教裁判所常用的惩罚方式。图中，一个女人被绑在长凳上，审判官正往她的嘴里灌水。她身下的长凳是特制的，凿有小孔，可以将水排出。

使用酷刑。"真相"藏在证人的身体里，而非话语中，需要通过酷刑来找出真相。直到 15 世纪，证人在法庭受审时仍需接受酷刑。在当时的一幅木版画中，囚犯在法官面前被捆住手腕悬吊起来，接受拉肢刑。

反对酷刑

随着 18 世纪启蒙运动个人主义观点的兴起，人们对真理的看法开始发生改变，所谓真理作为超脱个人情感之物、存在于人的头脑之外的观念渐渐消失了。此后，酷刑仅被视为达成目标的手段，可以让证人吐露隐藏在其头脑中的真相。无论是在法庭、地牢还是密室，人们渐渐不再使用酷刑了。

伏尔泰公开反对酷刑，切萨雷·贝卡里亚也在《论犯罪与刑罚》一书中写道：

> 在法官判决之前，一个人是不能被称为罪犯的。……如果被判有罪，他只能承受法律所规定的刑罚，而没有必要折磨他，因为他的供词已经无所谓了。如果尚未被判有罪，就不应折磨一个无辜者，因为，在法律看来，他的罪行并没有得到证实。

1708 年，苏格兰宣布酷刑为非法行为。之后，普鲁士、丹麦、西班牙、法国和俄罗斯分别于1740年、1771 年、1790 年、1798 年和 1801 年发出同样的宣告。在欧洲，酷刑不再受国家支持，渐渐被废止。然而，在后来的沙皇俄国、苏联、纳粹德国、战后希腊、葡萄牙和西班牙，酷刑再次得到使用。

欧洲人依旧在他们的殖民地使用酷刑。直到 19 世纪，酷刑已经在欧洲废止很长一段时间了，伪科学"种族理论"的创始人弗朗西斯·高尔顿竟然还提议往装病的殖民地搬运工身上泼开水。

如今，酷刑仍存在于我们身边，新的肉体和精神的折磨方法层出不穷。20 世纪的特工与狂热的中世

在废除密室酷刑之前，酷刑曾是法律程序不可或缺的一部分。在这幅 15 世纪的欧洲木版画中，囚犯在法官面前被捆住手腕悬吊起来，接受拉肢刑。

纪审判官相差无几。他们各自秉持着官方认可的宗教和科学的意识形态，用崇高的理想主义为各自的酷刑辩护。酷刑的目的并没有改变，依旧是向人们灌输恐惧。在 15 世纪的西班牙、伊丽莎白时代的英国、20 世纪的苏联，以及如今的许多国家，让人们惧怕逮捕和酷刑成了一种强大的镇压工具。正如一位审判官在 1517 年所说，逮捕、酷刑、审判和处决"不是为了拯救被告的灵魂，而是为了维护公共利益，并向他人灌输恐惧"。

总的来说，酷刑是一种过度的惩罚。撇开死刑是否道德这一问题不谈，如果死刑是对某一罪行的法定惩罚，那么在执行时就应让罪犯承受最小的痛苦。任何额外的痛苦都属于过度的惩罚，可以认定为酷刑。

《联合国反酷刑公约》将酷刑定义为：

> 酷刑是指为了向某人或第三者取得情报或供状，为了他或第三者所作或涉嫌的行为对他加以处罚，或为了恐吓或威胁他或第三者，或为了基于任何一种歧视的任何理由，蓄意使某人在肉体或精神上遭受剧烈疼痛或痛苦的任何行为，而这种疼痛或痛苦是由公职人员或以官方身份行使职权的其他人所造成或在其唆使、同意或默许下造成的。

玛雅文明和酷刑

中美洲的玛雅文明于公元 4 世纪至 8 世纪达到极盛，酷刑是玛雅人生活中的重要组成部分。玛雅祭司负责举行一系列仪式和典礼，例如酷刑和活人祭祀，以向神灵表示虔诚，祈祷丰收多产和维持宇宙秩序。

玛雅人认为人血可以滋养神灵，是祭祀神明的必需品。国王的血尤其珍贵，被击败的贵族和统治者将被献祭给众神。玛雅统治者是连接人和神的中间人，必须在仪式上献血和自我折磨。他们通过刺穿耳朵或阴茎来表达对神明的虔诚，或者将一根带刺的绳索划过舌头，将血液溅到树皮上，再将树皮放在祭坛上燃烧，以烟雾的形式献给神明。

早期的酷刑

答跖刑

在执行答跖刑时，受刑者的脚会被绑起来，朝上伸直，行刑者用鞭子抽打受刑者的脚底。在昔日的波斯和土耳其，答跖刑曾是一种司法处罚。如今，答跖刑仍作为一种酷刑存在。鞭子用劈开的竹条或其他弹性的材料制成。鞭打的力度不大，但数百次的鞭打会让脚底变得异常敏感，每一次抽打都会带来穿透全身的疼痛。据说，在古代中国的皇宫，为了不划破受刑者娇嫩的皮肤，行刑者会通过抽打豆腐块来练习鞭打技能。

这幅 1896 年的版画展示了答跖刑，即鞭打犯人的脚底。

切割和穿孔

小刀、钉子和刮刀一直作为刑具被广泛使用。对于被割伤的恐惧本身就是一种有力的折磨。切割对身体的损伤较大，不能长时间进行，尤其是在想要留活口的情况下。但若是作为死刑的一项附加折磨，这是再合适不过的方法了。

凌迟

凌迟，即古代中国传说中的"千刀万剐"，是一种极其夸张的表述。据说，这种惩罚是将受刑者身上的肉一刀刀地割去。受刑者的耳朵、鼻子、乳头和手指，依次被锋利的刀片割下，在刽子手给予致命一击之前，受刑者不得不承受这漫长的痛苦。人们认为，如果这种惩罚真的存在的话，实际施行过程中切割不会超过三到四刀。

然而，有史料记载，罗马皇帝卡里古拉曾下令将犯人捅上一千刀处死。据苏埃托尼乌斯所述，卡里古拉让行刑者在囚犯身上捅刺无数次，直至死亡，这样犯人就可以"感到自己正在死去"。

……将铁块放入火中，洒上圣水，在加热时，举行弥撒仪式……被告应立刻拿起烧红的铁块行走9英尺（约2.74米）。最后，将他手上的伤口包起来，等待三天后检查。如果检查时发现溃烂的血迹，他将被判有罪；如果伤口安然无恙，则应赞美上帝。

铁处女

一个更加经久不衰的传说是"铁处女"。这是一种内部带长钉的铰接空心铁棺，犯人进去后再关上棺门，长钉会刺穿犯人的身体，但不会立刻杀死他，而是让他在痛苦中慢慢死去。据说，有的宗教裁判会用圣母玛利亚造型的"铁处女"来折磨囚犯。

然而，并没有确凿的证据表明，人们曾使用过"铁处女"。19世纪中叶所发现的"纽伦堡铁处女"也不过是18世纪哥特式的奇特产物。但一份1515年的文件记录了"铁处女"的使用情况：

> 门缓缓关上，尖锐的长钉刺穿了他的手臂、大腿、腹部、胸部、膀胱、眼睛、肩膀和臀部，但不足以杀死他。就这样，他号哭了两天才死去。

穿透刑

最可怕的穿透刑具是苦刑梨，该刑具在近代早期的欧洲经常使用。苦刑梨是一种形似梨子的金属装置，用于插入囚犯的嘴巴、肛门或阴道。插入之后，施刑者转动梨上的螺丝，梨瓣慢慢打开，其锋利的边缘会撕裂囚犯的身体。

火刑

　　神明裁判将司法程序和酷刑结合在一起。人们认为上帝会让正直的人免于火烧，因此会让被告接受火刑考验。裁判由牧师监督，开始前要进行祈祷和洒圣水。仪式要进行三天，象征着神圣的三位一体。被告通常要拿着一块烧红的铁行走9英尺（约2.74米）。也有人是赤脚在烧红的犁铧上行走，或者将双手浸入沸水中。考验过后，伤口被包扎起来。三天之后，若是伤口愈合，那就表明被告是无辜的，上帝保佑了他。

　　也许有人会认为，没有人可以在这样的考验中被判无罪，但实际上确实有不少无罪判定的记录。撇开真正的"神迹"不谈，主持牧师往往会出于同情，或者收到了足够多的贿赂，然后宣布被告的伤口奇迹般愈合了。

拉肢刑

　　拉肢刑具可能是最有名的酷刑工具。受刑者的手腕和脚踝被绑在木板上，两根滚轴朝相反的方向转动，将人的身体拉扯至断裂。古希腊人曾在司法酷刑中使用拉肢刑，它同时也是宗教裁判中的主要酷刑之

神明裁判是中世纪早期欧洲的主要司法程序。人们认为无辜的人会受到神灵的保佑，以证明其说的是真话。图中，一个男人正将手伸进一锅沸水里。

一。还有一种拉肢刑是将囚犯的手腕绑在滑轮上，然后进行拉扯，这种酷刑至今仍在使用。

1743 年，居住在里斯本的英国共济会成员约翰·库斯托斯被宗教裁判所逮捕，之后，他经历了可怕的拉肢刑。当时，他正要离开一家咖啡馆，却被抓起来送上了一辆马车。库斯托斯被囚禁了一年，然后经历了第一次拉肢刑。他被带到一间没有窗户的房间，房里只有两根蜡烛照明，门上覆盖着衬垫，用于隔音。他被脱去衣物，脖子和脚踝被铁环固定在刑具上，手臂和大腿被绳子拴住。然后，有四个人开始用力拉绳索，撕扯他的身体。库斯托斯昏过去了，被送回牢房。六周后，库斯托斯再次遭受了这一酷刑。宗教裁判所对库斯托斯长达 600 页的报告这样记录道："……他被放在刑架上，我们开始了捆绑。我作为公证人告知他，如果他在行刑中肢体断裂、失去知觉或者死亡，责任在他自己，审判官不负任何责任。"

这一次，库斯托斯的手臂被放在一个木架上，用力向后拉扯，这使得他肩膀脱臼，嘴中吐血。接着，他又经历了三次拉扯才被送回牢房。在牢房里，外科医生为他正骨，让他再次体会到"极致的痛苦"。两个月后，他经历了第三次拉肢刑。这一次，他的肚子上增加了一条锁链。

在这之后，库斯托斯很快向宗教裁判所提供了共

在这幅16世纪的版画中，德国的审判官试图通过拉肢刑迫使被告认罪。

济会的情报信息，以及里斯本的共济会成员名单。裁判所还告诉库斯托斯，如果他皈依天主教就可以获释，但他拒绝了。库斯托斯又被囚禁了一年多，直到有一天，他偷偷给英国驻里斯本大使寄了一封信，在大使的调解下，库斯托斯最终得以出狱。回到英国后，库斯托斯在1745年出版的《约翰·库斯托斯为共济会所受的苦难》一书中讲述了自己的亲身经历，他的身体也因拉肢刑留下了永久性的伤害：

> 我害怕的原因太多了，只要我活着，我就能感受到这种酷刑带来的痛苦。我一次又一次地

被抓住，承受着痛苦，直到我不幸落入无情又血腥的审判官手中，我才感受到折磨的滋味。

压迫认罪

在英格兰，严刑拷打是违法的，但如果被告拒不认罪，他们通常会被"压迫认罪"（Pressed to plead）。从字面上看，"压迫"一词似乎并没有什么，仿佛被告只是受到了某种急迫的催促或威胁。但实际上，他们真的是被重物压迫，直到认罪或被活活压死后才会停止。这种酷刑，也叫重物碾轧（Peine forte et dure），由亨利四世于1406年左右设立，一直沿用到18世纪。

这相当于一种无须审判的处决方式，正如伦敦历史学家约翰·斯诺于1598年记录的那样：

罪犯被送回他原来的监狱，安置在某个低矮黑暗的房间里，全裸（除了隐秘部位）躺在地上，他的胳膊和腿被绳子固定住。然后他的身上被放上铁块、石块或铅块；第二天他只能吃三口大麦面包，不能喝水；第三天他只能就面包喝一点阴沟里的水。犯人必须严格遵循该规定，直到他死去为止。

1721 年，在伦敦新门监狱，拦路抢劫犯托马斯·斯皮戈特被绑在地上，胸口放着 350 磅（159 公斤）的重物。和大多数在审判中拒绝认罪的被告一样，斯皮戈特最终在"压迫"下认罪了。

在美国唯一有记录的该种酷刑案件中，塞勒姆猎巫事件的受害者吉尔斯·科里拒绝接受审判，并称他宁愿去死，也不愿被判犯有巫术罪。1692 年 9 月 19 日，吉尔斯·科里在塞勒姆镇的广场被重物压死，尽管当时马萨诸塞州已将该种惩罚列为非法行为。

最终，英国法律做出了修改，承认拒绝认罪也是被告人对于罪行的一种供认。直到 1828 年，英国才颁布一项法案，规定拒绝认罪的囚犯可以提出"无罪"辩护，这项法规一直延续至今。

清道夫的女儿

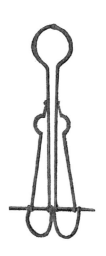

亨利八世统治时期，伦敦塔的中尉伦纳德·斯凯芬顿发明了"清道夫的女儿"。该刑具也被称为"斯凯芬顿的镣铐"，由铁环铰接而成。行刑时，犯人必须保持跪姿，将身体套进去，然后由行刑者锁好刑具，用螺丝拧紧。这种刑具的挤压会带来极其可怕的后果，正如当代历史学家马修·坦纳所述：

> （它）将人的身体挤压成一个球，以一种三层叠加的方式，小腿压在大腿上，大腿压在肚子上，小腿和大腿被两根铁夹锁住……相互挤压，受害者的身体几乎被压断了。……（它）比拉肢刑架还要残忍……受害者的身体弯曲到手和脚开始渗血……胸腔爆裂，嘴和鼻子开始喷出大量鲜血。

"清道夫的女儿"是一种极其残忍的酷刑刑具。这种熟铁制作的装置十分便携，亨利八世的官员们随身携带，以随时惩罚反叛者，展现国王的权威。

"清道夫的女儿"最大的优点是方便携带。拉肢刑架体积太大，不便移动，只能在伦敦塔等一些地方使用。而"清道夫的女儿"可以在任何地方使用。该刑具让人闻风丧胆，拷问官带着它在全国各地追捕叛国者和异教徒。

拇指夹

拇指夹由一个开口环组成，受害者将手指放进环内，然后施刑者转动翼形螺钉，挤压受害者的手指。尽管拇指夹的构造十分简单，但胜在易于携带，并且能给人带来严重的伤害和极度的痛苦。有的拇指夹构造更加复杂，能够同时挤压受害者的几根手指，也有的在内部设有锋利的螺柱，以增加受害者的痛苦。早

据记载，拇指夹于 14世纪开始使用，17 世纪中叶由托马斯·戴利埃尔引入苏格兰。戴利埃尔在俄罗斯军队担任上将时曾见过人们使用这种刑具。

在 14 世纪，拇指夹就已在欧洲流行开来。

简易版的拇指夹用绳索代替了金属环。在意大利，这种刑具被称为"西比莱"（sibille），源自神话中的西比尔女神，她守护着真理之源德尔斐神谕。1612年，19 岁的意大利女画家阿特米西亚·真蒂莱斯基在开启她杰出的绘画生涯前，指控自己的老师阿戈斯蒂诺·塔西曾性侵过自己。在审判时，塔西的供词显然与她的指控不符，真蒂莱斯基接受了拇指夹刑以证明自己说的是真话。最终她胜诉了，塔西被判处监禁，但在现在看来，受害者也许要比罪犯付出更大的代价才能获得正义。

18 世纪时，拇指夹在欧洲不再流行，但和许多酷刑一样，它在殖民地的奴隶种植园中得以延续。

基蒂

"基蒂"是印度人使用的拇指夹的变体，体积更大，由一对铰接的木板组成，木板通过螺丝钉连接在一起。"基蒂"不仅用于拇指和其他手指，还可用于手、脚、耳朵、鼻子、乳头和生殖器。

印度在沦为殖民地前就一直在使用酷刑，英国殖民官员也乐于维持这一传统。对于英国的收税员来说，"基蒂"是必不可少的工具，因为他们可以动用任何基蒂不仅制作成本低，而且便携有效，为英国政府节省了不少支出。

必要的手段迫使农民交税。

在需要进行更大力度的"劝说"时，两名官员会用两根粗竹竿制成人力"基蒂"。受害者背靠在一根竿子上，另一根竿子放在他的胸、腿或其他部位上，两名官员则站在两侧施刑。

灌水刑

灌水刑是宗教裁判所钟爱的一项酷刑。受刑时，受害者被迫一直喝水，直到肚子胀到爆裂。1620 年，英国人威廉·里斯戈在接受西班牙宗教裁判所的拷问时被强行灌水。他描述道："我忍受着窒息的痛苦，因为我的头低垂着，而水流冲进我的喉咙，吞噬了我的呼吸，让我无法号叫或呻吟。"

在施灌水刑时，犯人的脸上通常会盖一块方形布，正如 17 世纪荷兰的编年史家埃内斯图斯·埃雷蒙德斯·弗里修斯所述：

> 施刑者在（犯人的）鼻子上盖一块薄布，使犯人几乎无法呼吸。与此同时，一道细流从高处落到犯人的嘴里，将薄布打湿，推入他的喉咙深处。如此，他的嘴被水堵住，鼻孔被布蒙住，他无法呼吸了。这个可怜人承受着将死之人的痛

1902 年，一名法国目击者记录了图中的场景：美西战争后，驻扎在菲律宾的美国军队对当地的一名官员实施了灌水刑，迫使他说出叛军的所在位置。

苦，最终断气而亡。当施刑者想要让犯人回答问题时，他便将布从犯人喉咙里抽出来，此时布全湿了，沾着血，看上去就像是从嘴里拽出了肠子一样。

如今，阿尔及利亚的拷问者使用的是另一种灌水刑。这一可怕的酷刑是法国殖民统治的遗留物，被称作"抹布"（chiffon）。施刑时，将一块泡在洗涤剂中的抹布塞进犯人嘴里，然后把脏水倒进去，直到犯人的胃部肿胀起来。接着，施刑者在犯人的肚子上踩踏，使水从他的嘴里倒流出来，然后再重复这一流程。

睡眠剥夺

17世纪，"猎巫将军"马修·霍普金斯最喜欢的拷问方式是睡眠剥夺，成功地让无辜的人承认自己曾与魔鬼勾结。年迈的牧师约翰·洛斯被迫在牢房里"行走"了三天三夜，没有休息，直到他愿意"认罪"。在霍普金斯处理的第一个案件中，睡眠剥夺取得了惊人的成功。年迈的寡妇伊丽莎白·克拉克被要求坐在一张高脚凳上，双脚无法接触地面，并以这种状态保持几天不睡觉。最终她变得神志不清，愿意

"猎巫将军"马修·霍普金斯审问的受害者在几天几夜没有睡觉后愿意承认罪行。一位老妇人承认自己养过妖精，它们的名字分别叫埃勒曼泽、派伊沃克特、王冠上的派克和贪吃者格丽泽尔。霍普金斯将其称为"绝非凡人能够想出的名字"。

承认自己就是女巫，还说出了大约 31 个帮凶的名字。

现代酷刑

据某些国际组织的资料显示，酷刑在现代也普遍存在。

殴打

最简单的方式才是最有效的。有了拳头、棍棒和军靴，为什么还要用更复杂的刑具呢？相关的惩罚包括将受害者绑在柱子、椅子或床上，让他的身体完全暴露在外，以便殴打。据智利的酷刑受害者描述，他们被绑在一个"X"形的木架上，裸露生殖器，遭受着猛烈的殴打。

渐渐地，如今的拷问者为了避免留下伤痕和淤青等证据，开始不再对犯人直接拳打脚踢。在皮诺切特统治时期的智利，许多囚犯突然失踪，实则是被送到圣地亚哥体育场殴打致死。后来，智利当局对待犯人则是更加小心，施刑者会用钢芯橡胶警棍殴打囚犯，这不会留下明显的伤痕，却会对犯人的内脏造成极大伤害。

灼烧

灼烧是另一种破坏性的酷刑，通常在处决时作为附加折磨，有时也单独作为一种酷刑。香烟、火柴、烙铁和沸水都是常见的折磨方式。拷问者尤其偏爱香烟，因为它价格低廉，容易买到，且能够对犯人身体的敏感部位进行精准灼烧。在许多使用香烟折磨犯人的报道中，最典型的案例发生在 20 世纪 70 年代，智利警察将香烟塞进囚犯的肛门，以熄灭烟火。

摇晃

1995 年，某组织的一份报告记录了一种可以给犯人带来无形伤害的方法——摇晃。该报告详细介绍了一份在审讯过程中死亡的死者的尸检报告，尸检判定其死因是脑出血，除了几处割伤、擦伤和胸口处被抓出的瘀伤，几乎没有外伤。该报告指出：

在审讯过程中，审问员抓着他的衬衫反复摇晃他。……他被捕时身体健康，而在审讯结束后陷入昏迷，被送往医院，不到 24 小时后被诊断为脑死亡。

据被释放的犯人陈述，在审讯过程中，审讯人员最常使用的暴行不是拳打脚踢，而是抓着犯人的衣领或肩膀猛烈摇晃。

切割和穿刺

用尖锐物体刺入肛门和阴道是苦刑梨的另一变体。1991年，X射线检查结果证实了一位克什米尔的阿拉伯语教师的说法。该教师声称印度审讯员曾将一根铁棒插入他的肛门，并直捅入胸部。

在手指甲和脚趾甲下插入针头和碎片不但简单有效，还是史上最古老的酷刑之一。据二战期间被囚禁在日本集中营的同盟国士兵所述，这是一种最常见的折磨方式。

电击

某组织1991年的一份报告概述了50岁的大学教授罗伯托一案，他曾遭到扎伊尔安全部队的拘留和殴打。施刑持续了一会儿，一位高级官员赶来，命令逮捕者停止殴打，并说："这样会留下伤疤，我们会收到投诉。"于是，他们改用电击实施折磨。在接下来的四周里，逮捕罗伯托的军官们用电警棍对他的脊椎底

1984年，《联合国反酷刑公约》宣布酷刑为违法行为。然而，根据"酷刑幸存者网络"估测，目前全球仍有123个国家在使用酷刑。当然，没有政府会承认自己使用了酷刑，但酷刑会在看不见的地方继续下去，并且得到国家的许可。

部、生殖器和其他部位进行了电击。报告里还说："在多数情况下，他会呕吐，失去对肠道和身体机能的控制，然后失去知觉。"

电击是现代酷刑的终极手段，能够给犯人带来极度痛苦，造成永久性的伤害，但不会导致骨折或瘀伤。法国曾在阿尔及利亚独立战争中使用电击，用这种肮脏的手段折磨当地人民。作家兼精神病学家弗朗茨·法农在他1961年的著作《地球上受苦受难的人们》中记录了法国当局实施的电击案例，这种酷刑给受害者的生理和心理都带来了长期的伤害。

法国人用汽车电池、野战电话等其他军事设备来实施电击。他们通常在受害者身上安一个固定电极，然后在受害者的生殖器、嘴、手或其他敏感部位移动另一个电极。20世纪70年代，南美军事独裁政权的安全部队为了维护自己的声誉，也倾向于使用电击。

电击棒、电击枪和电击盾

近年来，原本供警察用于制服和逮捕暴力分子或危险重罪犯的电击棒、电击枪和电击盾开始被用于酷刑。这些非致命的电击设备被吹捧为枪支的更加人性化的替代品，但作为一种折磨手段，很容易被滥用。

驱牛棒也许是首个通电的酷刑刑具，源自20世纪 30 年代的布宜诺斯艾利斯畜牧场。如今的电击棒威力更大，专门为对付人类而设计。

电击枪是一种小型的手持设备，带有两个电极，在接触皮肤时会释放电流。电击盾牌是一种装有大电极的防暴盾牌，冲击力强大。在美国佛罗里达州，曾被关在玛丽安娜市杰克逊县教养所的几位囚犯声称，他们曾在 1997 年至 1998 年间遭到电击盾牌的折磨：

> 警察拿着一个约 91 厘米长、45 厘米宽的东西朝我走来，上面有几条波浪线，就像一个盾牌。……他们用这个东西打了我两次，第一次我双膝发软，第二次我瘫倒在地。我大声号叫、呼救，但没有人管我。

据另一名被拘留者描述，他当时被铐在地上，一名警官用盾牌反复电击他。

电击腰带

和其他电击装置不同的是，电击腰带必须佩戴在囚犯身上。美国监狱系统将其作为镣铐的替代品，主要在押送犯人到监狱或法庭时使用。

电击腰带由遥控器操作，警卫在 90 米范围之内

驱牛棒最早用于阿根廷的畜牧场。它威力大，易于携带，是牧民的好帮手。但该电击棒很快被用来折磨犯人，不久，专门用来对付人类的电击棒产生了。

电击通勤者

1996 年 7 月 31 日，在南非约翰内斯堡的登比萨车站，几名私人保安用眩晕电棒将拥挤的人群驱散开。这一行为引起了大规模的恐慌和群体踩踏，造成 16 人死亡、80 人重伤。一份政府调查报告以平静的语气概括了这一事件：

> 造成登比萨车站事故的最直接原因……是私人保安用电棍对通勤者进行持续戳刺和电击……显然，保安使用电击棒来控制人群是不恰当的。

尽管该调查呼吁国家禁止使用电击设备，但到目前为止还未得到实施。南非还在生产和出口电击棒。

可以随时启动电击。启动后，通过贴在肾脏附近的电极，电击腰带会释放持续 8 秒的 5 万伏高压电。佩戴者会立刻失去行动能力，并感到剧烈疼痛，疼痛会在 8 秒内达到峰值。电击腰带一经启动就无法中止。

　　囚犯通常会佩戴几个小时的电击腰带。在佩戴时，他会处于持续的恐惧中，时刻担心自己会遭到剧烈的电击。因此，佩戴着电击腰带的囚犯只能听任守卫的摆布。正如美国电击腰带制造商——电击科技（Stun

电击腰带被吹捧为一种人道的镣铐替代品，但实际上是一种折磨犯人的刑具。佩戴电击腰带的囚犯一直处于恐惧状态，害怕受到 5 万伏的可怕电击，且完全受制于操纵遥控器的警卫。

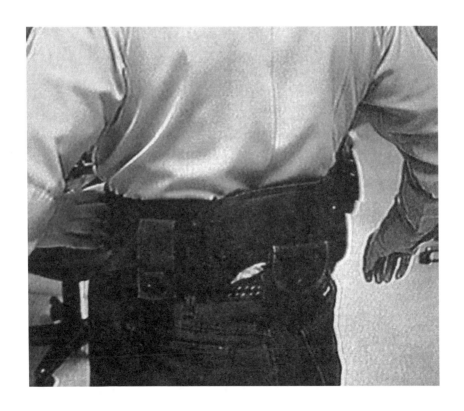

Tech）的产品说明中所指出的那样：“毕竟，如果你在腰间佩戴了一种别人只需按下手中的按钮就可以操纵的装置，让你小便失禁，从心理学的角度出发，你会怎么做呢？”

美国并没有电击腰带使用情况的官方统计数据，但电击科技公司在1999年声称：在过去5年里，其“REACT”牌电击腰带共被囚犯佩戴了5万次。这一数据相当保守，因为美国有100多个辖区都在使用电击腰带，其总数超过1000条。

狱警滥用职权虐待囚犯的可能性极高。美国最高警备监狱的警卫曾被指控使用电击腰带电击、威胁、嘲弄非暴力囚犯。

1999年1月，加利福尼亚中区联邦法官迪恩·普雷格森发布了一项禁令，禁止洛杉矶县法庭使用电击腰带。普雷格森指出：“电击腰带即使不启动，也会对被告产生伤害，因为其具有恐吓的效果……佩戴电击腰带的人因害怕遭受5万伏的高压电击，行动也会受到限制。”

泰瑟枪

泰瑟枪是一种手持枪，利用高压气体可发射出两只飞镖，射击距离在4.5—9米之间。飞镖在嵌入受害者的皮肤或衣服上时会释放出高压电击。美国的一些辖区已经批准执法机构使用泰瑟枪。关于泰瑟枪最有名的案件发生在1991年，当时，一位目击者录下了25岁的失业建筑工人罗德尼·金被逮捕的视频。金除了超速，并未犯下任何罪行，却被泰瑟枪电击了两次，倒地时还遭到四名警察的殴打。他一共受到56次棍击，导致颅骨多处骨折、眼眶骨折以及肾损伤。后来，这四名警察被指控使用致命武器和过度使用武力。1992年4月29日，这四名警察被无罪释放，引发了长达6天的城市骚乱，导致54人死亡，造成高达7亿美元的损失。

精神折磨

所有的酷刑都是一种精神折磨。逮捕者对受害者施加痛苦以满足自己的施虐欲，但肉体痛苦只是一种手段，最终目的是折磨受害者的心灵。精神折磨不必经过肉体，便可深入受害者的心灵深处。在乔治·奥威尔的《1984》中，囚犯被带到"101房间"，面对他们内心最深处的恐惧。精神折磨的目的就在于削弱囚犯的意志，恐吓和羞辱他，破坏他的信仰，打破他的忌讳，最终毁掉他的人格。

洗脑

该场景出自根据乔治·奥威尔小说《1984》改编的同名电影，理查德·伯顿和约翰·赫特正在101房间。在那里，囚犯们面临着内心最深处的恐惧，他们所有的抵抗都将被击垮。

　　社会学家本杰明·扎瓦奇对于"洗脑"的定义是：洗脑的核心假设是，在某些情况下，一个人会受到非常强有力的说服，以至于他的信仰和世界观被重构了，他的自我意识也被重塑了。

　　1962年约翰·弗兰肯海默执导的电影《谍影迷魂》上映后，"洗脑"成为冷战时期公众热衷的话题。该影片讲述了一名朝鲜战争时期的美国士兵被洗

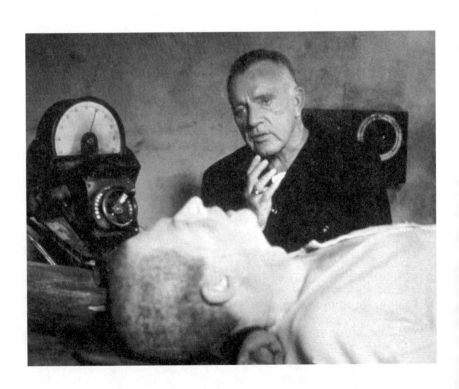

脑后，回到美国过上正常生活，直到他头脑中隐藏的催眠暗示被触发，掀起了一场政治暗杀。

催眠洗脑遭到了很多人的质疑，但这并不意味着洗脑不存在。来自宗教、政治和其他团体的大量报告表明，一些处于困惑、愤怒和脆弱状态下的年轻人容易受到残酷和颠覆性思想的灌输。这些思想利用年轻人自身的弱点，使他们陷入极度疲惫和自我厌恶中，再向他们灌输组织的观念以"拯救"他们。

《星期六晚邮报》曾刊登过洗脑的一些典型特征：

1. 囚禁被操纵者，将其置于不人道的环境中，以降低其抵抗力。

2. 坚持让被操纵者供认过去犯下的错误。

3. 用某种意识形态操纵供词。

4. 告诉被操纵者，外部社会已经敌视他。

5. 根据被操纵者的皈依程度，给予他"充足"的自由，好让他对操纵者心怀感激。

6. 被操纵者的心理状态变得脆弱，产生羞耻感和自卑感，从而与操纵者建立联结。

7. 操纵者对其他囚犯也采取相同的策略，以证明自己的诚意。

8. 即使回到外部社会，被操纵者也会感到困惑和怀疑。

> 在洗脑中，一种更为极端的说服方法是向个体施加巨大的压力，使其迷失方向，再用新的意识形态加以诱导，让个体转变思想。这样一来，在压力消失后，转变还会持续一段时间。
>
> ——本杰明·扎瓦奇

女继承人变身银行劫匪

美国报业大亨威廉·伦道夫·赫斯特的孙女帕蒂·赫斯特是著名的洗脑受害者。1974年4月15日上午9点40分，四名白人女性和一名黑人男性闯入旧金山的海伯尼亚银行。他们大喊着："抢劫！所有人趴下！脸贴地板！你们这些混蛋！"该团伙劫走1万多美元，然后坐车逃走了。警察查看了抢劫时的监控录像，惊讶地发现其中一名女子是19岁的帕蒂·赫斯特。两个月前，她在伯克利的一幢公寓被某暴力组织持枪绑架。她从未参与过政治活动和暴力事件，却出现在监控视频中，挥舞着自动步枪参与了银行抢劫。

赫斯特最终被抓获并接受审问，她声称自己是被洗脑了。赫斯特的辩词，在一众专家和陪审团看来，并不可信。她被判入狱，不过在21个月之后，卡特总统为她减刑，最终她在严格的担保条件下获释。

据赫斯特描述，她经历了残酷的洗脑。她被隔离起来，受尽殴打和强奸，并被告知没有人会来救她，她很快会被杀死。该暴力组织还告诉她，她所过的优越生活是罪恶的，还迫使她写下对家人和朋友的仇恨。

帕蒂·赫斯特年轻不谙世事，对精神攻击完全没有准备，是暴力组织的极佳目标。也许，赫斯特的劫持者正是利用了她对家族财富和特权的内疚感，成功地操纵了她。不管怎样，最终她成了一名"模范学生"。在被洗脑后，她已经为抢劫海伯尼亚银行做好了准备。在接下来的几个月里，赫斯特参与了多次抢劫，每次都携带一把上了膛的枪。在一次行动中，她是在外面待命的接应司机，如果她愿意，本可以轻松逃离该组织，但她似乎承担起了组织的"革命事业"。

再教育营

越南再教育营于 1975 年成立。再教育营关押着被政府称为"顽固反革命分子"的政治对手，尽管这些"对手"并不比教师、医生或公务员更具威胁性。

囚犯每天白天做苦工，晚上则被进行激烈的政治思想教导。自省和忏悔是思想教育中不可或缺的要素。无论罪行是多么微不足道，囚犯也必须写出详细的"供词"。供词需要一改再改，有时一天要改好几遍，出现任何错误和遗漏都会受到严惩。囚犯被迫认为自己过去的所作所为是错误的，应当受到惩罚。一位囚犯描述道：

> 在供述亲属时，我们必须提及他们的罪行。比如，当我陈述我的祖父是一名公务员时，我必须补充他是封建时期的官员。我的父亲曾是法国殖民时期的一名教师，因此他被归为知识分子，是法国帝国主义的走狗。

囚犯之间必须互相批评，批评者会得到奖励。一名被放出来的囚犯说，这些批评大会"很快让我们憎恨彼此"。

囚犯不断受到羞辱，担心受到体罚。即便是最轻微的罪行也会被殴打和折磨，打死人也很常见。很多囚犯在精神和肉体的折磨下崩溃，甚至自杀。曾被关押在再教育营的一位医生说他看见过"许多痛苦号叫的囚犯"，而再教育营也禁止医生为他们治疗。

迷惑囚犯

使囚犯感到迷惑可以从逮捕的那一刻开始，最佳时间是凌晨时分。据计算，在这个时间出其不意地实施逮捕，能给罪犯带来最大程度的惊吓和困惑。美国中央情报局的《人力资源开发培训手册》（由《巴尔的摩太阳报》记者于 1994 年根据《信息自由法》获得）指出："在此时被捕的大多数人会感到强烈的震惊、不安和心理压力，且很难适应状况。"该手册继续写道："应当利用拘留加剧受试者在陌生环境里的不安感。"由于囚犯从被逮捕一开始就处于迷失状态，审讯者可以轻松地利用手册中的"非强制性手段"使囚犯保持这种状态。

其他迷惑的方法包括蒙上囚犯的头部或双眼、让囚犯处于完全黑暗的环境中、单独监禁，甚至将囚犯置于隔离水箱中，让囚犯在一片寂静和黑暗中漂浮在与体温相当的水中。在这种环境下，囚犯的大脑几分钟后就会出现幻觉。如果囚犯每天被关在隔离水箱中几个小时，可能会导致心理崩溃。

羞辱

羞辱是精神折磨的重要手段，逮捕者通过羞辱来告诉囚犯："你在我眼里一文不值。"20 世纪 80 年代曾有报道，北爱尔兰的监狱对女囚进行不必要的搜身，只是为了羞辱她们。如今，在美国的一些"最高"警备监狱，男囚和女囚也会遭到同样的羞辱。

最有效的羞辱手段之一是违反性禁忌，其中最极端的案件发生在刚果殖民地。

精神病院

　　精神折磨的要旨是使囚犯精神错乱，如果监禁地点是精神病院，则会更加有效。即使是心智健全的人被关在精神错乱的罪犯之中，也会渐渐失去理智。没有被判刑的人会在精神病院里待上15年、20年、30年，甚至更久，直到医生宣称他们"病愈"，或者不再对社会构成威胁。从很多方面来讲，精神病院本身的环境就能将一个精神健全的人变成疯子。某位精神病院的患者在出院后回忆道：

　　　　在精神病院里，每天都在折磨我的是我所见到的景象：这里的人都与社会脱节了。我对自己说：这也许就是我明天的样子。于是我开始每天早晨检查自己，寻找自己变疯的迹象。

　　在有些精神病院中，囚犯被迫高剂量注射氯丙嗪和胰岛素等镇静剂，变成了活的试验品。正如一位医生所说："过多使用镇静剂会使犯人昏迷，还会对犯人的思想造成巨大干扰，摧毁其心智。"
　　精神病院还用LSD（一种致幻剂）等最新的精神药物对囚犯进行试验。多次大剂量地服用这些药物会影响囚犯的性格，产生严重的精神病反应，进而导致长期的精神损害。还有一些药物会产生可怕的副作用。精神病院最常使用的药物是磺胺嘧啶，该药物最初被用来治疗疟疾，后在20世纪20年代和30年代被用于治疗精神分裂症。此药的副作用包括高烧、恶心呕吐、定向障碍和剧烈的肌肉痉挛。

药物带来的剧烈疼痛使患者坐立难安，只能躺在床上，等待其他好心的囚犯给自己捎点吃的。而痛苦不会停止，医院会连续几周甚至几个月给犯人开磺胺嘧啶。

肮脏的秘密

如今，酷刑成为人们想要掩藏的肮脏秘密。虽然在全世界范围内被禁止，但酷刑可能还在秘密进行着，或仍是某个腐败体系的非正式组成部分。正如贝卡里亚在几百年前所说的那样，无论酷刑以何种形式存在，它都对现代的公正审判和公正刑罚毫无裨益。

尽管如此，在当今社会，酷刑越来越难以掩藏了。在国际审查机构的监督和努力下，许多酷刑案件得以揭露并制止。

第八章
死刑

公元前 18 世纪汇编的《汉谟拉比法典》中出现了死刑，这也是死刑首次被载入法典。该法典共包含 25 种死罪。《圣经》首次提到了处决的神圣理由：

> 凡流人血的，他的血也必被人所流，因为神造人是按自己的形象造的。
>
> （《圣经·创世记》9:6）

圣经律法制定了各种死罪。《圣经·出埃及记》第 21 章规定，谋杀他人、殴打父母、咒骂父母和绑架他人都将被处死。

《圣经·以斯帖记》告诉我们，绞刑是亚述人处决的首选方式，亚述人曾建造"50 肘高"的绞刑架来吊死犹太人玛多查依。

古希腊的死罪也很多，其中包括故意杀人罪。叛

对页图：1890 年，纽约州的奥本监狱首次使用电椅，并在 20 世纪一直沿用。到了 20 世纪末，电椅的使用有所减少，最终在 2002 年被宪法禁止。

国者也会被处以死刑，并且还要没收他们的财产，将他们的房屋夷为平地。叛国者的尸体不得埋在雅典，但据修昔底德所说，因叛国罪被处死的特米斯托克利的尸骨被他的朋友偷运回雅典，以安葬在故土。

在古罗马，使用巫术、投毒、制毒、叛国，以及高级官员作伪证都会被处死。处决方法有斩首、钉十字架、殴打、焚烧和扔给野兽。那些谋杀父母或祖父母的人将被鞭打至流血，和狗、公鸡、毒蛇和猿猴一起放在麻袋里，然后扔进海里。

中世纪时，欧洲国家设置了大量的死罪，并且通常是用火刑来处决犯人。在长达 500 年的时间里，异教徒和女巫都会在火刑柱上被烧死。教会法禁止流血，因此在宗教异端案件中，宗教法庭负责定罪，然后将犯人移交给世俗法院进行处罚。

绞刑曾是英格兰首选的处决方式，后被"征服者"威廉禁止。尽管威廉反对死刑，他却在 1076 年处死了诺森伯兰公爵，从此，他开始毫不犹豫地将自己的政敌斩首。到了亨利八世统治时期，绞刑、火刑、烹杀和四马分肢等处决方式又恢复了。多达 7.2 万人被亨利八世处决，罪名有叛国、拒不认罪、和犹太人结婚等等。

英格兰的死刑罪行数量不断飙升，到了 18 世纪，共有 222 种罪行会被判处死刑，其中包括偷窃、砍树、

1618 年，沃尔特·雷利爵士在伦敦旧宫院被斩首，原因是他与西班牙人发生冲突，违背了詹姆斯国王维持和平的指示。斩首是上流社会的处决方式，平民通常是被绞死。

抢劫养兔场和破坏威斯敏斯特桥等。由于法律过于严苛，陪审团不愿给犯小错的人定罪。这一状况引发了改革的呼声，1823 年至 1837 年间，222 项死罪中共有 100 多项被废止。

处决的方式

火刑

火刑是罗马人处决基督徒的常用方法之一。在处决前，犯人常常还会受到折磨，他们被迫将手放在烧红的煤块上，或者从煤块上走过。一些基督徒被浸满油的绳子捆绑起来，点燃后扔进火坑或者盛满沸油、熔铅的大锅中。另一些人则被放在煤块上烤炙，或者被活活煮死。

相传，公元 258 年，在罗马，圣劳伦斯被置于烤架上烤死。当圣劳伦斯的一侧被烤熟时，他对刽子手说可以翻面了，并问他们是否想品尝自己的肉，看看是生的好吃还是熟的好吃。尽管我们可以肯定圣劳伦斯是死于斩首，但这个夸张的故事依然流传下来，并为他赢得了"厨圣"这一讽刺称号。

据历史学家约瑟夫斯记载，带领犹太人反叛罗马

吉洛拉谟·萨伏那洛拉是一位颇有权势的佛罗伦萨牧师，曾公开反对教会的奢侈无度。1498 年，教皇亚历山大六世将萨伏那洛拉逮捕并施以酷刑，然后将他和两名同伙交给佛罗伦萨当局，处以绞刑和火刑。

统治的马加比家族最终被处死。有的被扔进沸水里，有的则是用油或动物油脂在加热的金属表面上煎炸而死。

尼禄皇帝因"在罗马大火时还在拉琴"而臭名昭著。更准确的说法是，公元64年，他在目睹罗马大火时正在弹奏七弦琴。尼禄将大火归咎于基督徒（尽管这毫无根据），并立刻对基督徒采取了报复。有的基督徒被钉在十字架上，有的被用来喂狗，有的则

图中左侧，一名男子正在接受铜牛刑。右侧，两名男子正在遭受西班牙宗教裁判所的拉肢刑。

被浇上沥青，点燃后当作人肉火炬，照亮皇帝回宫的路。

在中世纪和近代早期的欧洲，纵火犯、异教徒和女巫会被处以火刑。11世纪至18世纪期间，至少有20万人死在火刑柱上。罗马宗教裁判所和后来的西班牙宗教裁判所烧死了无数异教徒。在英格兰，天主教徒和新教徒先后在不同时期遭到迫害，而女巫更是被疯狂追捕和焚烧。

佩利劳斯的铜牛

公元前2世纪时，罗马讽刺作家琉善写道：希腊发明家佩利劳斯制作了一尊真牛大小的空心铜牛，牛的后方有一个入口，可以让受刑者进入。进入之后，再在牛肚下方点燃火堆，将铜牛内的人活活烧死。铜牛内还设置了隐蔽的管道，受刑者的尖叫声从中传出，就像是公牛在发出低沉的叫声。当佩利劳斯将这项发明呈给暴君法拉里斯时，法拉里斯颇受震撼，便命令佩利劳斯爬进铜牛，点火烤死了他，并说对于如此可怕的死亡刑具的发明者，他想不出比这更合适的结局了。

宗教审判大会

1479 年，费尔南多二世和伊莎贝拉一世统一阿拉贡王国和卡斯蒂利亚王国。1492 年，他们征服了格拉纳达王国，结束了摩尔人的统治，接着开始统一西班牙，建立天主教统治。

1478 年，费尔南多和伊莎贝拉请求教皇允许建立西班牙宗教裁判所，以"净化"西班牙人民，驱逐反对天主教的异教徒，包括穆斯林、犹太人，以及表面皈依天主教但私下仍信仰异教的人。

宗教裁判所对异教徒进行了大规模的审判，并召开名为"宗教审判大会"的公共仪式，在大会上烧死所有罪犯。该大会在西班牙语中意为"信仰之举"（Auto-da-fé），颇具讽刺意味。1481 年 2 月 12 日，首次宗教审判大会在塞维利亚举行，当时有六男六女因信奉犹太教被活活烧死。

宗教审判大会的持续时间长，且相当壮观，结合了处决、宗教仪式、戏剧和宣传活动。大会通常在公共节假日举行，能够吸引到最大数量的观众。盛大的活动以点火仪式作为结尾，火光照亮夜空，所有人都能清楚地看见行刑的场景。并非所有犯人都是被活活烧死的。有时，一些人以其他方式处决后，他们的雕像也会被挂在柱子上烧掉。还有一些死后才定罪的人也会被挖出来焚烧。

　　1680 年 6 月 30 日，为庆祝西班牙国王卡洛斯二世与玛丽·路易丝·德·奥尔良结婚，西班牙首都马德里举行了持续 14 小时的宗教审判大会。大会由国王亲自点燃第一座柴堆，其中有 51 人被活活烧死或者以雕像的形式被焚烧。卡洛斯二世去世后，腓力五世继任，在同样为庆祝自己的婚礼而举办的宗教审判大会上，他拒绝了点火这项"荣誉"。最后一次宗教审判大会于 1790 年举行。

焚烧天主教徒和新教徒

　　在英格兰，短短五年的时间里，天主教徒和新教徒先后被烧死在火刑柱上。在亨利八世与罗马教皇决裂后，他把天主教徒看作异教徒，并处以火刑。其女玛丽一世（1553—1558 年在位）在弟弟爱德华六世去世后继位。玛丽一世是极其虔诚的天主教徒，她与西班牙王子腓力二世结婚后，对新教徒开始了大规模的宗教迫害。在她统治的五年中，有 300 多名新教徒被烧死，包括富人、穷人、妇女和儿童，她因此被称为"血腥玛丽"。玛丽一生没有诞下任何子女，她逝世后，王位传给了她信仰新教的妹妹伊丽莎白一世，于是，对天主教徒的屠杀又开始了。

西班牙宗教裁判所的管辖延伸到了西班牙在美洲的领土。1649 年 4 月 11 日，美洲新大陆规模最大的宗教审判大会在墨西哥举行。在 109 名受害者中，除一人外，其他所有人皆因信仰犹太教而被处以火刑。其中 57 人以雕像的形式被焚烧，13 人被活活烧死。在这 13 人中，有 12 人最后"悔改"了，于是他们先被绞死，然后再被烧死。

1484 年，罗马天主教皇英诺森八世发布教皇诏书，宣告巫术确实存在，引发了整个欧洲的猎巫行动。他授权海因里希·克雷默和约翰·斯普林格两名宗教裁判官，派他们调查巫术指控案。两年后，他们出版了一本

在葡萄牙里斯本的西班牙宗教裁判所的庭院内，正在举行宗教审判大会。受刑者头戴高高的硬纸帽，身穿涂有火焰和地狱恶魔图案的短袍。牧师站在一旁等待犯人认罪，尽管他们将要被烧死。

500 页的关于女巫的书，名为《女巫之锤》。此书的影响力远超西班牙宗教裁判所，后来又被北欧新教教会采用。到了 16 世纪末，天主教徒和新教徒都在大肆猎杀女巫。

1587 年至 1593 年间，特里尔的选帝侯共烧死 368 名女巫，平均每周至少烧死一人。1623 年至 1633 年间，班贝格的采邑主教烧死 600 多名女巫，维尔茨堡的采邑主教烧死 900 多名女巫。然而，这些数字远远比不上宗教裁判所的"战绩"。宗教裁判所宣称在 150 年间烧死了约 3 万名女巫。

很久之后，随着理性思想的普及，这种愚昧信仰才渐渐消失。英格兰最后一次焚烧女巫是在 1684 年，而在将近 100 年之后，德国才停止捕杀女巫。

猎巫将军

马修·霍普金斯（对页图）自诩为"猎巫将军"。1644 年，霍普金斯在埃塞克斯郡的曼宁特里镇开始了他臭名昭著的猎巫行动。在每捕获一个女巫就能得到 20 先令报酬的诱惑下，霍普金斯拼命搜寻女巫，在东部各郡县仅用了 14

个月就猎杀了 400 名女巫。仅在贝里圣埃德蒙兹镇就有 68 名女巫被绞死。而在切姆斯福德市，一天之内就有 19 人被绞死。

霍普金斯最常用的审讯方式有浸水，如果嫌疑犯沉入水中，即为无辜；如果她漂浮起来，即为女巫，然后被绞死。犯人还被迫脱光衣服检查是否有"恶魔印记"、疖子或肿瘤，据说这些是化为动物形态的年幼恶魔的乳头。一些女人仅仅因为饲养宠物而被定罪，她们被迫承认自己养了妖精或恶魔。

到了后期，人们开始质疑霍普金斯的猎巫动机，而他则迅速回到曼宁特里，开始了隐居生活。有人猜测他也被当作巫师绞死了，但人们普遍认为他死于肺结核。

钉十字架

大约在公元前 1000 年，腓尼基人首次将人钉在十字架上。该刑罚后来传播到希腊、亚述、埃及、波斯、罗马和日本。

一开始，腓尼基人只是将犯人钉在木桩上，后来又增加了一道支撑手臂的横梁。除此之外，还有"X"

形十字架，也被称为圣安德烈十字架，因钉死在十字架上的使徒安德烈而得名。

历史上的十字架刑与《圣经》中的描述一致。犯人先是被鞭笞，然后背着木架走到行刑地点。接着，将他的手掌和脚背钉在十字架上，或者将手腕和脚踝绑在十字架上。十字架固定在地上，受刑者被留在十字架上，慢慢死去。通常情况下，犯人还会遭到行刑者或观众的殴打、扎刺和羞辱。为防止从十字架上掉下来，犯人的脚底还会垫上木楔。对于那些身强体壮的人来说，死亡过程可能要持续几天之久。

有时，仁慈的执行官会在第一天行刑后结束犯人的生命，帮助他早点摆脱痛苦。犯人有时也会被倒钉在十字架上，这样可以让他迅速失去知觉，免去许多痛苦。犯人死后，尸体仍留在十字架上以儆效尤。最后，按照惯例，犯人的尸体要和十字架埋在一起。

在耶稣被钉上十字架的那个年代，十字架刑被认为是一种极其羞辱的处决方式，仅适用于奴隶和重罪犯。

断头台

提到断头台，我们就能联想到法国大革命的血腥暴行，但它的发明实际上是出于一种高尚的意图。其

发明者约瑟夫·吉约坦医生想要制造一种可以免去
受刑者痛苦的处决刑具，于是断头台诞生了，并以吉
约坦的名字命名。

断头台是大革命的完美产物，不仅十分高效，而
且对每个犯人来说都是平等的。它结束了富人接受斩
首、穷人接受绞刑、宗教犯接受车轮刑的不公平待遇。
有了断头台，每个人都可以像贵族一样死去。1791
年5月3日，制宪议会通过决议，规定所有死刑犯一
律采用斩首。

有证据表明，罗马人曾用过一种类似于断头台的
刑具来处决圣马太。在两根立柱中间的凹槽处，安有
一把沉重的斧头，刽子手用木槌猛击斧头，刀刃迅速
下落，刺进圣马太的脖子里。据说，10世纪时，波
斯人也使用过类似的带有横梁和重刀片的刑具。

断头台的设计灵感源自哈利法克斯绞刑架。该绞
刑架位于英格兰哈利法克斯市的一座公共广场，从
1286年到1650年一直在使用。据当地教区记录，从
1541年3月20日至1650年4月30日，哈利法克斯
绞刑架共处决了49人。该绞刑架由两根将近5米高
的立柱组成，柱子间的木块上安置着一把刀片。当固
定刀片的钉子松开时，沉重的刀片迅速砸向犯人的脖
子，切断他的头部。

哈利法克斯绞刑架主要用于处决小偷。如果偷窃

哈利法克斯绞刑架切割的力度很大，以至于犯人的头颅经常滚落到人群中。相传，一位女士正骑马经过绞刑街时，突然看到一颗刚刚斩落的头颅落在了自己的鞍囊里。

物品价值超过 13.5 便士，那么小偷便会在下一个赶集日被带到绞刑架处决。在人们聚集观看处决时，一旁的群众会协助刽子手一起拉动绳索，将刀片固定好。于是，围观群众也参与到处决过程中来。

在规定所有的死刑犯一律采用斩首的法案通过之后，吉约坦医生开始四处调研，想要制作出更合适的刑具。刽子手查尔斯 - 亨利·桑松告诉吉约坦，在处决多个犯人时，剑的效率太低了，因为每次挥剑之后都得重新磨剑。另一位法国外科医学会的路易斯医生向吉约坦推荐了一种类似于哈利法克斯绞刑架的装置。吉约坦对该绞刑架进行调查后，委托一名德国工匠制作出了改良版的绞刑架，即断头台。为了纪念路易斯医生，断头台起初被叫作"路易塞特"（Louisette）。

断头台由两根 15 厘米厚、3 米高的立柱组成，两根柱子之间相距 60 厘米。与哈利法克斯绞刑架不同的是，断头台的刀片嵌在滑槽上，固定着 30 公斤重的铁块。另一改良版的断头台增加了活动木板，木板直立时，犯人被绑在上面，然后犯人的身体随木板放平，被固定在断头台中，因此犯人完全无法移动。而以前用剑或斧头斩首时，经常会出现未击中的情况。

刽子手桑松用尸体和动物测试了这台新机器，颇

1793 年 1 月 21 日在巴黎，刽子手高举路易十六的头颅。路易十六也是断头台上最有名的受刑者，人群中先是一片寂静，然后爆发出震耳的呼喊声："共和国万岁！"

为满意。第一个上断头台的人叫杰奎斯·佩列蒂尔，是个拦路强盗，于1792年4月25日在巴黎格列夫广场被处决。处决过程迅速且高效，这单调的景象让围观群众感到失望。他们高呼道："把木绞架给我拿回来！"

更为戏剧性的事件是1793年法国最后一位国王路易十六被处决。由于害怕被捕，国王逃离了巴黎，但在瓦雷纳被抓住，带回首都接受审判。1月21日，国王乘马车去往行刑地点，一路由军队护送，以防愤怒的革命群体暗杀，或是保皇党人前来营救。

马车光是穿过巴黎的街道就花了将近2个小时。在路易十五广场上，卫兵们用长矛等武器阻拦着大批人群。路易十六下车时，三名卫兵上前要脱光他的衣服，但他坚持只脱下斗篷，然后自己解开衬衫。接着，当卫兵准备绑住他的双手时，他拒绝了，说："不！我绝不会让你这么做。你可以执行命令，但你绝不能捆绑我。"路易十六登上断头台，宣告："我是无罪而死的。我宽恕那些置我于死地的人，但愿我的鲜血能让上帝不再迁怒于法兰西。"

桑松，不情愿的刽子手

　　1688 年至 1889 年间，桑松家族有六代人在巴黎担任刽子手。查尔斯 - 亨利·桑松热爱音乐、服饰和社交，于 1788 年（法国大革命

的前一年）接任刽子手工作。

在恐怖统治的巅峰时期，桑松在三天内处决了 300 人。据说，桑松还有一次在 36 分钟内斩首了 22 人。刽子手的工作环境极其恶劣。鲜血浸满了断头台，汇聚到下方的臭水池中。地面容易打滑，桑松的儿子加布里埃尔就是从断头台上摔下来重伤而亡的。

桑松执行了上千场断头仪式，每一次处决，他都要将割下的人头向群众展示。桑松并不喜欢杀戮，并为犯人所受的痛苦而感到难受，尤其是在处决女人时。但如果他停下他的工作，下一个死在断头台上的人就是他了。

绞刑

在盎格鲁 - 撒克逊时期的英格兰，官方的处决方式是绞刑。早在公元 5 世纪时，英格兰人就专门制造了绞刑架。绞刑架的使用方法很简单：让犯人爬上梯子，再将绞索套在他的脖子上，然后将梯子拿开，将他吊死。由于落差不大，犯人的脖子不会因此折断，窒息是最主要的死因。

直到 17 世纪，行刑过程才发生变化。当犯人被

这座绞刑架位于美国的一座老式法院外，提醒着我们，美国在不久前还在使用绞刑。

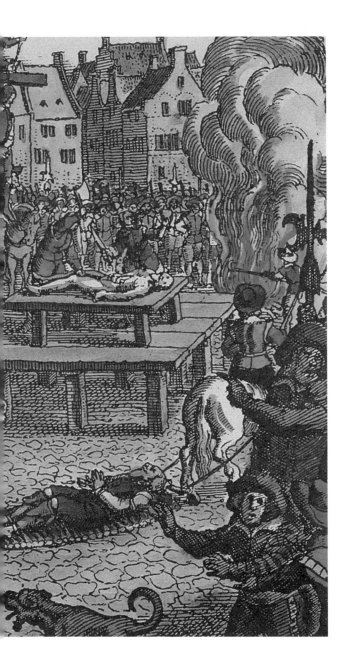

1605 年，盖伊·福克斯及其天主教同谋企图炸毁国会大厦。阴谋败露后，他们被绑在长长的栅栏上，由马拉着穿过伦敦的街道，前往绞刑地点。

一辆马车载到绞刑架前时，他的脖子被套上绞索，然后马车被赶走。这种方法换汤不换药，犯人的身体落差依旧不大，无法让犯人迅速死掉。更为重要的改变是绳结的增加，即在绞索上打结，这样可以折断犯人的脖子。

1760 年，费勒斯伯爵因谋杀罪被判绞刑，在行刑时首次使用了垂直坠落的方式。刽子手没有使用梯子和马车，而是在犯人下方开了一扇活动板门，让他直接跌落下去，直到脖子上的绳索猛然拉住他，折断他的脖子。这是一个绝佳的主意，可惜刽子手计算错了距离。伯爵被绳索吊住时，脚趾正好碰到了地面，于是刽子手不得不向下拉他的腿，以确保他真的死了。

1783 年，新门监狱外建起了新的绞刑架，增设了高台和活动板门。这种方法比梯子和马车更有效，但落差依旧不够，无法确保所有犯人都能迅速死掉。在接下来的几十年里，爱尔兰当局开始尝试使用"长距坠落"。犯人通常能够瞬间死去，但绳子的拉力过大，经常尸首分离。

直到 19 世纪，绞死的"技术"才真正得到完善。刽子手托马斯·马尔伍德于 1871 年绞死了他的第一个犯人。据说，马尔伍德希望迅速了结犯人，减轻他们的痛苦，因此，他致力于发明一种人道且有效的绞死方式。马尔伍德计算了所需绳索的长度，同时考虑到犯人的体重和颈部的肌肉力量。他还发现在绞索上套金属环比打结更有效。最终，他得出结论，8英尺（约 2.43 米）的坠落距离可以有效地杀死犯人，但又不足以让其尸首分离。慈善活动家开始宣传这种绞死方式，这一方法也很快得到采用。

吊剖分尸刑

英国法律对叛国者的终极惩罚是吊剖分尸刑。如果犯人是女人，出于体面，她将被烧死在火刑柱上。

死刑犯被关在囚笼里，由马拉着穿过街道，前往行刑处。到达后，犯人先是接受绞刑，接着，在仍然清醒的状态下接受剖刑。先是割去阴茎和睾丸，然后剖开腹部，取出肠子，并在犯人面前焚烧，再取出其他内脏。最后砍掉犯人的头，将他的身体分成四块。行刑结束后，还要将犯人的头和残肢煮至半熟，保存起来进行公开展示以警告世人。

1283 年，威尔士亲王大卫因叛国罪在什鲁斯伯里受审，并被判处：

> 拖上绞刑架，因背叛授予他爵位的国王；
>
> 处以绞刑，因谋杀霍瓦登堡中关押的一位绅士；

在这幅 19 世纪的插图中，宗教裁判所正在执行处决。处决过程中常常会伴随着折磨，一旁的牧师正在为
她祈祷。

焚烧四肢，因他的谋杀亵渎了基督受难；在
全国各地展示他的尸体，因他在多地企图谋害
国王。

16 世纪时，共有 105 位天主教殉道者在伦敦泰
伯恩刑场被处以吊剖分尸刑。1606 年，盖伊·福克
斯及其同伙因"火药阴谋"被判处吊剖分尸刑。福克
斯的行刑地在议会大厦前的旧宫院，处决之后，他和
同谋者的头被挂在了伦敦桥的尖钉上。

吊剖分尸刑一直是英国对叛国者的合法惩罚，直
到 1814 年才被废止。

毒药

毒药是对雅典自由人常用的处决方式，犯人须喝
下一杯毒芹汁或其他毒药。包括奴隶在内的地位低
下的死刑犯则面临着更加残酷的死亡方式：被棍棒
打死。

公元前 399 年，哲学家苏格拉底因亵渎神灵和腐
化青年而被判处死刑。起诉书这样写道：

这份起诉书和宣誓书由迈雷图斯发起：阿
洛派克区的索弗罗尼斯库斯之子苏格拉底，不认

可雅典的神，而引入新的神，腐化青年，应处以死刑。

在雅典，审判程序是检察官提出惩罚，被告有权提出替代的惩罚。苏格拉底借此提出，他余生应住在豪华宫殿，并让政府负担他的开销。法庭最终宣判处死他，苏格拉底拒绝了朋友和支持者逃亡的建议，饮下了毒芹汁。

轮刑

在中世纪的法国和德国，轮刑是一种常见的处决方法，通常用于宗教犯。犯人被带到刑场，脱光衣服，绑在轮辐上，就像钉在十字架上一样。然后，刽子手开始用铁棍殴打犯人，直到打断所有骨头。最后，刽子手将轮子立起来，好让群众看清犯人的垂死挣扎。

熟练的刽子手可以在不损坏皮肤的情况下打断犯人的骨头，以延长他的痛苦。其他折磨还包括将轮子放在火焰或者钉床上。当刽子手准备给犯人致命一击时，他会瞄准胸部击打几次，犯人就可以解脱了。

《布莱克法案》

在18世纪的英格兰，议会保护财产胜过保护人命。对于谋杀未遂者，法院可能会从轻处罚。而对于伪造、偷猎、焚烧干草垛，甚至是砍伐观赏灌木的罪犯，法院都会判处死刑。1723年，议会通过了《布莱克法案》，导致本就很多的死刑罪行进一步增加。在新增的死罪中，有一条规定，出现在公路上的黑面人（当时一些偷猎者会用黑布蒙面，或者用炭灰将脸全部涂黑）会被处以死刑。

该法案制定的严苛条款实际上是减少了被判死刑的数量。法官、陪审团，甚至连受害者都力图寻找借口，以认定被告无罪，而非眼睁睁地看着犯人因微不足道的小罪被绞死。

公开处决

在英格兰，处决都是公开进行的。泰伯恩刑场是伦敦主要的处决地，坐落在牛津街的西端，靠近如今的大理石拱门，拥有最大的人流量。囚犯们排成队伍，从新门监狱出发，被闹哄哄、醉醺醺的人群包围，一路走到泰伯恩刑场。这段路程长达 2 个小时，中途设有官方停留点，为犯人提供饮用水。

处决受到了群众的热烈欢迎，政府还在 1724 年专门建造了一座看台，高价出售观看席位。1760 年，在绞死费勒斯伯爵的那天，看台的收入超过了 5000 英镑。

1763 年，前往泰伯恩刑场的示众游行被废止了，处决改为在新门监狱新建的绞刑架上进行。对此，作家塞缪尔·约翰逊曾公开表示失望，他认为公开处决具有强大的威慑力，应当被尽可能多的群众看到。

直到 20 世纪，法国的处决都是公开进行的。1922 年 2 月 25 日，在凡尔赛镇，人们目睹了号称"蓝胡子"的连环杀手亨利·兰杜被送上断头台。

亨利·兰杜曾在报纸上刊登征婚启事来吸引富有的中年女人。其中一则这样写道："鳏夫，43 岁，有两个孩子，收入颇丰，认真专情，性格随和，希望与一位条件相仿的女性共度余生。"

1915 年，寡妇珍妮·库切特给亨利回了信。两人见面后，亨利整洁的衣着和出众的外貌让库切特立刻迷上了他。而在库切特将财产转让给亨利后，他就谋杀了她和她 17 岁的儿子，并放火烧了房子。同年，

1922 年，号称"蓝胡子"的亨利·兰杜因至少谋杀了 11 人在凡尔赛监狱外被送上断头台。警察在他家里的火炉中发现了 290 块人骨和牙齿残骸。

他又谋杀了 2 名妇女，然后搬到了冈拜，在那里又谋杀了 7 名妇女。

渐渐地，人们开始怀疑亨利和他的一众女性朋友，市长也下令对他进行调查。警察检查了兰杜的房子，最终在火炉里发现了 290 块人骨和牙齿残骸，以及房子周围散落的许多个人物品。受害者的确切数量至今未定，兰杜也从未供认。最后，他接受了审判，被判处死刑。

在法国，处决必须公开进行，执行地点就在关押犯人的监狱前。1922 年 2 月 24 日晚，在兰杜最后一次请求宽赦被拒的消息传开后，大群记者和围观群众纷纷涌向关押兰杜的凡尔赛监狱。法国当局为避免骚乱，在天亮前就开始搭建断头台，希望在人群失控前处决兰杜。

凌晨 4 点，刽子手阿纳托尔·戴卜勒抵达监狱。凌晨 5 点 45 分，警卫将兰杜押送出来。兰杜拒绝了为将死囚犯准备的朗姆酒和香烟，而是要求剃头，并和牧师在一起待了几分钟。随后，监狱大门打开了，兰杜赤着脚，穿着一件剪掉领子的衬衫，双手绑在背后，被带到断头台前。一小群受邀的观众在一旁观看，大批喧闹的人群则被守卫挡在远处。

兰杜被绑在活动木板上，然后放在断头台下，开始斩首。斩首结束后，他的尸首被运到一辆马车上，马车随即疾驰而去。据一位目击者所说，兰杜从走出监狱大门到死去仅用了 26 秒。

刽子手皮埃尔伯恩特

"我代表国家处死犯人，我确信我的处决是最人道的，能够让犯人有尊严地离去——无论其判决公平与否——我代表人类，向其他国家传授英国的处决制度……多年的经验让我看清残酷的现实。如今我认为，在我执行的数百次处决里，没有一例能够对罪犯起到威慑作用。在我看来，除了报复，死刑没有任何作用。"

阿尔伯特·皮埃尔伯恩特是一位英国的绞刑师，于 1956 年离职。以上文字摘自他的自传《刽子手皮埃尔伯恩特》。

如今的处决

电刑

1890 年 8 月 6 日，来自美国水牛城的威廉·凯姆勒因杀害妻子成为首个死在电椅上的罪犯。他也是该电椅的最后一位受害者。最开始，1300 伏的电流烧焦了凯姆勒的身体，但过了 17 秒他还没有死，于是人们又继续电击了 70 秒，才结束了他的生命。所有目击者被这一景象吓坏了，一股烧焦的恶臭味令人作呕。后来，电椅的设计得到了改进，人们开始使用新的电椅，还给它们起了各种昵称，如"火花""老烟山"和"烫座"。

20 世纪末，美国大多数州都用注射代替了电椅，因为人们认为注射致死更加人道。截至 2003 年，只有内布拉斯加州还在使用电刑。在过去的 100 多年里，电椅的设计和使用方法几乎没有变化。椅子一直是用木头做的，通常用的是橡木。犯人的手臂、头、双腿和胸部被绑带固定在椅子上，他的头和右腿已被剃光，分别固定着两个浸润了盐溶液的电极。刽子手坐在电椅后方，先施以 2000 伏的电击，然后是两次较轻的电击，最后是再一次的 2000 伏暴击。

据说，大多数犯人在第一次电击后会立刻死去，但情况并非总是如此。曾有犯人经历了 5 次电击，耗时 17 分钟才死去。还有报道称，在释放电流时，电椅会喷出 6 英寸（约 15 厘米）高的火焰。

注射死刑

注射死刑是美国独有的处决方式。1977 年，俄克拉荷马州和得克萨斯州首次使用注射死刑。目前，注射死刑是 37 个州首选的处决方式。在美国，注射死刑几乎取代了电椅。

注射液由不同药物合成。尽管每个州的配方不同，但注射的目的都是使犯人失去知觉，肌肉瘫痪，最终导致心力衰竭。

如果犯人是静脉吸毒者，或者存在静脉疤痕或静脉凹陷，注射时可能会出现问题。如果犯人挣扎，或者刽子手手滑，致死的剂量可能会注射到肌肉中，引起剧痛。有时候，注射液可能会凝结，堵住输液管，延长犯人的痛苦。据有关记录，有时处决时间会远远超过一个小时，且需要多次注射。

注射死刑或许并不完美，但一次失误的注射要比一次失误的电击好很多。面对那些反对死刑的人，支持死刑的游说团体意识到公关的重要性，一直致力于将注射死刑宣传为一种无痛、几乎自动执行的处决方式。

枪决

迄今为止,枪决是世界上最常见的处决方式。2001 年,大约有 2500 人被枪决。枪决在 70 多个国

1977 年 1 月 17 日,杀人犯加里·吉尔摩被处枪决,结束了美国过去十年没有执行死刑的记录。吉尔摩本人是死刑的坚定拥护者,他拒绝提出上诉,并希望死后捐出自己的眼角膜。

家受到法律许可，也是 42 个国家唯一的死刑处决方式。在埃及等国家，枪决仅用于处决军人。

如今，行刑队不太常见。在一些国家，枪决是近距离射击犯人的后脑勺，或者是用一把立式机枪射击囚犯的心脏，由一名射击手完成。

犹他州是美国唯一一个拥有行刑队的州。1977年 1 月 17 日，加里·吉尔摩成为美国十年来第一个被处决的犯人，尽管判决过程艰难重重。根据犹他州当时的规定，死刑犯可以选择枪决或绞刑，吉尔摩选择了枪决。行刑当天，吉尔摩被绑在椅子上，一个白色的靶子放在他的心脏处。行刑前，警察问他有没有临终遗言，他回答道："开枪吧。" 6 名警察分别用步枪瞄准他的心脏，其中一支步枪装着空弹，这样他们就不会知道是谁射出了致命一枪。

限制死刑

18 世纪时，人们开始反对死刑，伏尔泰、孟德斯鸠和贝卡里亚等人在他们的著作中对死刑进行了批判。

对大众来说，处决罪犯是一种奇观，甚至

激起了一些人的同情和愤慨，这种情绪比恐惧感还要强烈。……从人类历史上的暴行来看，死刑对社会是有害无利的。如果说战争已经教会人类屠杀自己的同胞，那么为遏制暴行而制定的法律就更不应再施加暴行了。这种惩罚通常当众举行，比屠杀更为骇人。法律本是为了惩罚杀人犯，却为了防止犯罪而公开杀人，这难道不是一件荒唐的事吗？

二战结束后，联合国在1948年通过了《世界人权宣言》。该宣言宣称生命权是每个人的绝对权利，但并没有明确禁止死刑。

虽然西欧各国仍未废止死刑，但它们先后开始不再动用死刑。到了20世纪80年代，实质废除死刑已成为西欧的常态。

如今的死刑

据报道，2001年至少有3048人在31个国家被处决，至少有5265人在68个国家被判处死刑。以上统计仅包含确认案例，实际数字肯定更高。2001年，90%的已知处决案发生在中国、伊朗、沙特阿拉伯和美国。

美国的死刑

1608 年，在北美英属弗吉尼亚的詹姆斯顿，乔治·肯德尔上尉因为向西班牙人提供情报而被处决，这也是美洲殖民地有记载的首次处决。1612 年，弗吉尼亚殖民地总督托马斯·戴尔爵士颁布了《神圣、道德和军事法律》。该法规对诸如偷窃葡萄、杀鸡和与印第安人交易等行为判处死罪。1665 年，纽约殖民地政府制定了《约克公爵法律汇编》，规定殴打父母和否认"真神"将被处以死刑。

早在殖民时期，尤其是在 1764 年贝卡里亚的《论犯罪与刑罚》出版后，废除死刑运动就开始了蓬勃发展。托马斯·杰斐逊曾在弗吉尼亚州提出一项法案，除了谋杀罪和叛国罪之外，其他罪行都不得判处死刑，该提案是限制死刑的首次尝试，但最终以一票之差被否决。在宾夕法尼亚州，《独立宣言》签署人之一本杰明·拉什医生对死刑的威慑效力提出了质疑。拉什是"暴行效应"理论的早期提出者，他认为死刑实际上助长了犯罪行为。1794 年，宾夕法尼亚州废止了除一级谋杀罪之外的所有死刑，成为首个限制死刑的州。

19 世纪时，美国许多州限制或废除了死刑，并修建起州立监狱。然而，一些州仍保留死刑，有些州

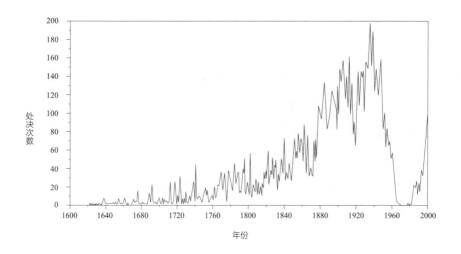

上图统计了过去四个世纪美国的处决人数。从17世纪到19世纪，处决人数逐渐增多，并在20世纪30年代中期达到峰值，处决将近200人。在这之后，数量骤降，并且在1967年至1977年间暂停了死刑处决。而近年来，处决数量又逐渐上升。

甚至增加了死刑罪行。1888年，世界上第一把电椅在纽约州诞生了，1890年，该电椅被首次用于处死威廉·凯姆勒。

1924年，内华达州使用氰化物毒气来处决犯人，认为这是一种更为"人道"的方法。吉·乔恩是第一个在毒气室里被处死的犯人。20世纪30年代和40年代，美国处决人数急剧增加。在30年代时，平均每年有167人被处决，这期间处决的人数比20世纪任何一个十年都要多。

到了20世纪50年代和60年代，公众开始抵制死刑，处决人数也开始急剧下降，从50年代的1289人下降到60年代的715人。在1960年至1976年间，仅处决191人。在1972年"弗曼诉佐治亚州"一案中，美国最高法院宣布死刑违宪，随后暂停死刑。弗曼案件的裁决指出，仅靠陪审团来裁夺死刑这样的重刑，可能会导致判决的专断和随意性，违反了宪法第八修正案中不得对公民实施"残酷和异常的刑罚"的规定。1972年6月29日，美国40个州废除了死刑，629名死刑犯得到减刑。

各州开始重新制定法规，力图消除判决的独断性。自弗曼案裁决后，佛罗里达州仅用5个月就出台了新法规，其他34个州紧随其后，相继颁布了新法规。然而1976年，美国最高法院又恢复了死刑。1977年，加里·吉尔摩的处决结束了美国过去十年暂停死刑的历史。

吉·乔恩是首个在毒气室被处死的犯人。内华达州监狱本打算在乔恩睡觉时将氰化物注入他的囚室，但事实证明不可行，于是专门建造了一间毒气室。

1936年，在美国肯塔基州欧文斯伯勒市，一名黑人男性因抢劫和谋杀一位70岁的白人妇女而遭到公开处决，引来大批群众围观。

死囚区

在美国，死刑犯单独待在监狱的一个特殊区域，即死囚区。那里条件恶劣，死刑犯通常要在那里待上许多年。在美国，死刑从宣判到执行平均需要 8.5 年。也有许多等待处决的囚犯已经在死囚区待了 10 年、15 年之久。正如法国哲学家、作家阿尔贝·加缪所说："施加给死刑犯长年累月的恐惧和侮辱是比死亡本身更可怕的惩罚。"

在被判处死刑和被处决的犯人中，黑人远比白人多。自 1976 年以来，83% 的处决案都涉及谋杀白人，而谋杀白人案在谋杀案件中的占比甚至不足 50%。在对被告和受害者的种族进行调查统计后，人们发现了巨大的差异。1976 年以来，117 名黑人因谋杀白人而被处决，但只有 8 名白人因谋杀黑人而被处决。

美国最高法院大法官哈利·布莱克蒙本人是死刑的支持者。他曾表示："尽管死刑法规如此复杂，但种族仍在判决起到了重要作用。"最近，一项关于美国费城死刑案件的分析研究剔除了犯罪的严重程度、被告身份背景等因素，最终得出结论，黑人被判死刑的概率几乎是白人的四倍。另一项研究发现，自肯塔基州恢复死刑以来，已有超过 1000 名黑人被谋杀，但在该州等待处决的犯人中，没有一人杀死过黑人。

在世界其他地区，形势要更加乐观一些。2002年，菲律宾暂停执行死刑，为此，罗马斗兽场连续两天开启金黄色灯光以示庆祝。罗马市政府与人权组织、梵蒂冈和意大利各慈善机构开展合作，每当一名囚犯免于处决、一个国家废除或者暂停死刑的时候，罗马斗兽场就会亮起灯光，照亮这个曾经满是死亡和屠杀的地方。2000年，在伊利诺伊州州长乔治·瑞安宣布该州暂停执行死刑后，罗马斗兽场亮起了金黄色灯光。

美国各州主要的处决方式：

注射死刑

1976 年以来共执行 618 次

使用范围

亚拉巴马州、亚利桑那州、阿肯色州、加
利福尼亚州、科罗拉多州、康涅狄格州、
特拉华州、佛罗里达州、佐治亚州、爱达
荷州、伊利诺伊州、印第安纳州、堪萨斯州、
肯塔基州、路易斯安那州、马里兰州、密
西西比州、密苏里州、蒙大拿州、内华达
州、新罕布什尔州、新泽西州、新墨西哥州、
纽约州、北卡罗来纳州、俄亥俄州、俄克
拉荷马州、俄勒冈州、宾夕法尼亚州、南
卡罗来纳州、南达科他州、田纳西州、得
克萨斯州、犹他州、弗吉尼亚州、华盛顿州、
怀俄明州、美军、美国联邦政府

电击

1976 年以来共执行 150 次

使用范围

亚拉巴马州、阿肯色州、佛罗里达州、伊
利诺伊州、肯塔基州、内布拉斯加州、俄
克拉荷马州、南卡罗来纳州、田纳西州、
弗吉尼亚州

毒气室

1976 年以来共执行 11 次

使用范围

亚利桑那州、加利福尼亚州、马里兰州、密苏
里州、怀俄明州

绞刑

1976 年以来共执行 3 次

使用范围

特拉华州、新罕布什尔州、华盛顿州

枪决

1976 年以来共执行 2 次

使用范围

爱达荷州、俄克拉荷马州、犹他州

自 1980 年以来废除死刑的国家（地区）

1981 年　　法国和佛得角完全废除死刑

1982 年　　荷兰完全废除死刑

1983 年　　塞浦路斯和萨尔瓦多废除普通死刑

1985 年　　澳大利亚完全废除死刑

1987 年　　海地、列支敦士登和德意志民主共和国完全废除死刑

1989 年　　柬埔寨、新西兰、罗马尼亚和斯洛文尼亚完全废除死刑

1990 年　　安道尔、克罗地亚、捷克斯洛伐克联邦共和国、匈牙利、爱尔兰、莫桑比克、纳米比亚、圣多美和普林西比完全废除死刑

1992 年　　安哥拉、巴拉圭和瑞士完全废除死刑

1993 年　　几内亚比绍、中国香港和塞舌尔完全废除死刑

　　　　　希腊废除普通死刑

1994 年　　意大利完全废除死刑

1995 年　　吉布提、毛里求斯、摩尔多瓦和西班牙完全废除死刑

1996 年　　比利时完全废除死刑

1997 年　　格鲁吉亚、尼泊尔、波兰和南非完全废除死刑

　　　　　玻利维亚和波黑废除普通死刑

1998 年　　阿塞拜疆、保加利亚、加拿大、爱沙尼亚和立陶宛完全废除死刑

1999 年　　东帝汶、土库曼斯坦和乌克兰完全废除死刑

	拉脱维亚废除普通死刑
2000 年	科特迪瓦和马耳他完全废除死刑
	阿尔巴尼亚废除普通死刑
2001 年	智利废除普通死刑
2002 年	土耳其废除普通死刑
	南斯拉夫联盟共和国和塞浦路斯完全废除死刑
2005 年	墨西哥完全废除死刑
2008 年	阿根廷完全废除死刑
2010 年	加蓬完全废除死刑
2012 年	拉脱维亚和马达加斯加废除死刑
2015 年	斐济、苏里南和刚果废除死刑

结语
如今的刑罚

自人类聚居生活以来已经过去 1 万年了，而在进化史上，1 万年不过是弹指之间。如今，人类不再将同类绑在火刑柱上焚烧，也不再将同类扔给狮子。但从整个刑罚史来看，似乎一切都没有什么变化，这也不足为奇。自有历史记载以来，人类的本能、行为和动机并无多大变化，惩罚的目的也一直是报应、无害化和威慑。

18 世纪时，刑罚开始步入现代化。切萨雷·贝卡里亚呼吁停止酷刑，并要求实施迅速的、确切的、与罪行相称的惩罚。如今，距离《论犯罪与刑罚》的出版已经过去 200 多年了，贝卡里亚在书中谴责的许多东西仍然存在。死刑和肉刑仍受法律认可，有的监狱还是私人运营，尽管酷刑已被普遍取缔，但在全世界范围内依旧时有发生。

对页图：在大多数国家，监禁是法律规定的最严重的惩罚。全世界的囚犯人数正在不断增加，同时刑期也越来越长。于是，监狱变得人满为患、开支巨大，威慑作用下降，但目前还没有更好的替代惩罚方式出现。

替代惩罚

贝卡里亚主张为每项罪行规定好惩罚，他认为法官应当严格按照法律实施惩罚，而不应自行解释法律，给犯人判刑。贝卡里亚还认为，对罪犯的惩罚应当尽量减轻，发挥必要的威慑作用即可。假如他今天还活着，他会很高兴看到强制性的最低刑期在美国实行，同时也会惊诧于如今的刑期是如此之长。

贝卡里亚主张实施强制性判决，以保护罪犯免受任意变化的判决，但这一方法也杜绝了减轻处罚的可能性，因为法官的个人判断是不被采纳的。在美国的

死刑是否正当？图中的抗议者对此持否定态度。他正在美国印第安纳州特雷霍特市的联邦监狱外示威，在那里，俄克拉荷马城爆炸案的凶手蒂莫西·麦克维将于 2001 年 6 月 11 日被处决。

许多州，法官很少有自由决断的余地，他们无法知晓罪犯的年龄和个人背景，也无从得知罪犯的前科。

2002 年 12 月，一位服过刑的恋童癖者再次被指控犯罪时，一位英国法官采取了不同的做法。这名犯人已经为上次的罪行服过刑，也接受了相关的咨询和培训，并在获释后为其他有前科者提供咨询服务。尽管他承认了此次罪行，但法官认为再惩罚他也无济于事，而且监禁他还意味着社会将失去一位宝贵的咨询师。

即使在刑罚制度严格的美国，一些法官也试图用别的惩罚来代替监禁，前提是当地法律允许。替代惩罚包括电子监视、社区服务、药物治疗、教育和职业培训。新墨西哥州、威斯康星州和其他的一些州出于务实的目的，表示这些替代方案比实施刑罚的成本更低，而且能更有效地预防犯罪。

传统的惩罚方式并非打击犯罪的最好办法，这一观点已经屡见不鲜。中国哲学认为刑罚是"阴"，即对行为的负面影响，需要用"阳"来互补，即家庭、社区、贸易和宗教组织等正面影响。贝卡里亚曾经说过："预防犯罪的最佳方式是制定简明的法律，奖赏善行和提高教育水平。"建立起有效的社交网络，让刑罚不再是唯一的解决办法，反而能够更有效地打击犯罪。

犯罪将与我们同在，无论惩罚严厉与否，都无法消除犯罪。但我们应当在不违背基本道德价值观的前提下尽可能地减少犯罪。

在某些情况下，惩罚不仅没有作用，还可能使情况变得更糟。美国的毒品政策就是一个典型的例子。人们常常将当前形势与禁酒令期间（1920—1933年）进行比较。在当时，暴力犯罪团伙争相控制非法酒精买卖，警署拘留室里挤满了酒徒和酒吧老板。禁令不但没能打击非法行为，反而还助长了犯罪。尽管有超过30万人被定罪，禁酒令也没能阻止人们饮酒。1931年，一份政府报告总结道，禁酒令不仅难以实施，还助长了犯罪行为，并最终得出结论，饮酒带来的社会弊病要比禁酒令好得多。

为了打击吸毒者，美国法律体系几乎不区分软毒品和硬毒品，毒品走私犯、毒贩和吸毒者一律接受强制性最低刑期的监禁处罚。美国监狱关押着超过50

1994年2月，曼德拉重访南非开普敦湾的罗本岛监狱。在出狱4年后，曼德拉总统回到曾经关押他的牢房，他在这里度过了他27年监禁生活的大部分时间。

万名非暴力毒品罪犯，这个数字超过了西欧地区监狱的总人数。欧洲的惩罚制度相对宽松，与美国严苛的制度形成了鲜明对比。许多欧洲国家已重新立法，以便集中警力打击街头犯罪和硬毒品犯罪这些危险性和破坏性更大的行为。

限制刑罚

如果立法者减少一些违法行为的名目，犯罪行为也会随之减少，这一观点并非无稽之谈。随着人们观念的改变，一些法规也被逐渐废除了。在 19 世纪英格兰的一系列法律改革中，超过 100 项死刑罪行被废除。社会价值观在不断变化，某些罪行也随之被剔除，不再受到惩罚。比如，最初同性恋是违法行为，需要接受惩罚，接着被人们视为一种疾病，需要接受治疗。如今，在很多地区，同性恋得到合法化，并为人们所接受。

社会只惩罚能对自己行为负责的人。《唐律疏议》就对老人、小孩、精神和身体残疾者实行赦免。同样，在当今社会也存在一些与罪行不相称的惩罚。当罪犯被认为有精神疾病时，他将接受治疗而非惩罚。暴力行为也可能是出于自卫，这种情况也不会受到惩罚。

战争结束后，政府可能不会对敌军进行报复，而是宣布大赦，免去普通士兵的罪行。南非真相与和解委员会就采取了这种办法。在委员会的大力推动下，广大黑人民众在取得权力的同时，也并没有引发暴力行为，这证明了人们之前对南非大屠杀的预测是毫无根据的。

纳尔逊·曼德拉本人也在南非和平过渡的过程中起到了重要作用。从1964年至1990年，曼德拉一直被关押在监狱中，获释后，他立即开始了政治活动。漫长的囚禁生活并没有使他充满仇恨，也没有让他想要报复压迫自己的敌人。1994年，曼德拉当选南非总统后，首先成立了真相与和解委员会，由德斯蒙德·图图大主教担任委员会主席。在后殖民时代，非洲政权的更迭往往伴随着流血。如何在不引发报复和屠杀的前提下弄清过去的事实，并对人民进行补偿，真相与和解委员会是一个独特的解决方案。

在成立后的三年时间里，委员会对种族隔离时期的恐怖历史进行了大力调查。由警察、政府官员、非洲民族会议（ANC）活动家和众多受害者在委员会作证，那些承认罪行的人将会获得特赦，并免于刑事指控。委员会采取了与审判战犯相同的标准，但仅对严重侵犯人权的犯人进行惩罚，只是奉命行事的士兵将得到赦免。

真相与和解委员会大获成功。1996年，南非前总统弗雷德里克·威廉·德克勒克在委员会面前为多年种族隔离制度带来的苦难道歉，并请求原谅。1997年，曼德拉的前妻温妮·马迪基泽拉·曼德拉因涉嫌参与她的保镖团（号称"曼德拉联合足球俱乐部"）发起的暴力袭击而被传唤至委员会。在理想的情况下，问讯虽然会揭开人们的创伤和痛苦，却是对过去恐怖历史的必要赎罪。但有的时候，一些官员不愿供出所有罪行，使得真相无法全部揭露。只有一位部长出面作证，前总理彼得·威廉·博塔拒绝出庭，许多官员都设法避免出庭。

面对种族隔离给国家带来的深重灾难，真相与和解委员会的成立是一项伟大的创举，成功地使南非免于种族杀戮。当然，委员会没能使所有人满意。绝大多数南非黑人都是种族隔离的受害者，从始至终他们受到的伤害最多。但许多人认为，他们惩罚罪犯的权利被剥夺了，作恶者也没有受到应有的惩罚。正义被用来换取和解，正如一位南非记者所说："倘若我们过去从未'和睦相处'，如今怎能够和解？"但无论如何，真相与和解委员会开创了一种全新的惩罚方式，最重要的是，它确保了怒火的合理发泄，使愤怒不会升级为报复。用德斯蒙德·图图大主教的话来说："我们寻求的是补偿，而非报复；我们追寻的是人性，而非复仇。"

刑罚：判决的结果

刑罚作为判决的结果究竟意味着什么？如果刑罚是为了威慑，那么它已经失败了。刑罚永远无法消除犯罪，就连刑罚本身是否具有威慑作用也存在争议。

最高刑罚可以起到威慑作用，比如在新加坡和沙特阿拉伯。但最低刑罚也可以奏效，比如在丹麦。不管哪一种情况，社会因素也许比刑罚更有助于降低犯罪率。这并不是说刑罚之间没有区别，只是刑罚本身无法解决所有的社会弊病。

刑罚从未真正地实现其作用，因为人们几乎从未按照预想的那样实施刑罚。如果刑罚的实施是完全公平的，如果完全没有误判，没有对任何种族和阶级的偏袒，没有任何行刑过程中的失误，没有任何过度的惩罚和酷刑，并且能够得到其他服务设施的补充和支持的话，那么刑罚也许能够发挥其真正的效用。

参考文献

Baigent, Michael and Richard Leigh. *The Inquisition*. London: Penguin, 2000.

Drapkin, Israel. *Crime and Punishment in the Ancient World*. Lexington, MA: Lexington Press, 1989.

Duff, R. A. and David Garland, eds. *A Reader on Punishment*. Oxford: Oxford Unversity Press, 1994.

Farrington, Karen. *Hamlyn History of Punishment and Torture*. London: Hamlyn, 2000.

Foucault, Michel. *Discipline and Punish* (trans. Alan Sheridan). London: Penguin, 1987.

Garnsey, Peter. *Social Status and Legal Privilege in the Roman Empire*. Oxford: Clarendon, 1970.

Genet, Jean. *The Thief's Journal* (trans. Bernard Frechtman). New York: Grove Press, 1964.

Holt, P. M., Ann K. S. Lambton and Bernard Lewis, eds. *The Cambridge History of Islam* (Volume 2). *Islamic Society and Civilisation*. Cambridge: Cambridge University Press, 1977.

Hucker, Charles O. *China to 1850*. Stanford: Stanford University Press, 1975.

Johnson, Wallace, trans. *The T'ang Code* (volumes 1 & 2). Princeton: Princeton University Press, 1997.

Kerrigan, Michael. *The Instruments of Torture*. Staplehurst, UK: Spellmount, 2001.

Moore, Michael. *Stupid White Men*. London: Penguin, 2002.

Morris, Norval and David J. Rothman, eds. *The Oxford History of the Prison*. Oxford: Oxford University Press, 1998.

Philips, David and Susanne Davies, eds. *A Nation of Rogues? Crime, Law and Punishment in Colonial Australia*. Melbourne: Melbourne University Press, 1994.

网页链接：

www.aclu.org: American Civil Liberties Union. A premier US human rights organization.

www.amnesty.org: Amnesty International. News, articles and country-by-country reports on torture and human rights abuses.

www.fsmitha.com/h1/index.html: The Ancient World. Articles on key events in the ancient world, from prehistory to 500 ce.

www.gatewaystobabylon.com/introduction/briefchonology.htm: Brief Chronology of Mesopotamia. Timeline of Mesopotamian civilizations.

www.la.utexas.edu/research/poltheory/beccaria/delitti/index. html: Cesare Beccaria: On Crimes and Punishments. English translation of Beccaria's essay.

www.wsu.edu:8080/~dee/MESO/CODE.HTM: The Code of Hammurabi. Complete text of the Code.

www.deathpenaltyinfo.org: Death Penalty Information Center. Meticulously researched articles, reports and statistics on the death penalty worldwide.

www.motherjones.com/prisons: Debt To Society. Special report on the state of US prisons by Mother Jones magazine.

www.fordham.edu/halsall/ancient/asbook.html: Internet Ancient History Sourcebook. All the major ancient documents in English translation, most reproduced in full.

www.soas.ac.uk/Centres/IslamicLaw/Materials.html#Articles: Islamic and Middle Eastern Law Materials. Islamic law links compiled by London University's Centre for Islamic and Middle Eastern Law.

www.perseus.tufts.edu: The Perseus Project. Tufts University history site, includes an internal search engine and a library of full text classical works.

www.roman-empire.net: The Roman Empire. Encyclopaedic detail on all aspects of the Roman Republic and Empire.

www.usccr.gov: United States Commission on Civil Rights. Civil rights reports and fifindings.

www.corpun.com: World Corporal Punishment Research. More information on corporal punishment than you can shake a stick at, with a large press archive.

图片来源

出 品 人：许　永
出版统筹：林园林
责任编辑：李幼萍
　　　　　陈泽洪
特邀编辑：钱成峰
装帧设计：张传营
印制总监：蒋　波
发行总监：田峰峥

发　　行：北京创美汇品图书有限公司
发行热线：010-59799930
投稿信箱：cmsdbj@163.com

创美工厂
官方微博

创美工厂
微信公众号